François-Xavier Cottin

Les Jardins de Mandela

Roman

Fayard

Ce roman, ses personnages et leurs histoires sont une œuvre de fiction. Tout lien avec des personnes ou des faits réels suggérés par la lecture ne peut être que le fruit du hasard. Les éléments historiques et les faits divers cités, ainsi que les noms de personnes, de marques ou d'entreprises, ont pour seul but de donner de la vraisemblance au récit, sans aucune volonté de dénigrement ni de préjudice pour leur titulaire.

Conception graphique : © Le petit atelier
Visuels : © Alamy

ISBN : 978-2-213-72665-6
Dépôt légal : septembre 2024

À Ferdinand et Eugénie, zbeul de mes jardins.

La rentrée

La rentrée revenait avec appréhension au collège – et Matthieu avec elle. La neige mollement abattue sur la maison pendant la nuit, pourtant, aidait à oublier. Il oserait mettre un pied dehors.

Il glissa ses écouteurs sous son bonnet et lança la musique au moment où il fermait la porte : « Lundi méchant ». De circonstance. Matthieu sourit et s'élança dans la semaine.

Une rentrée de plus à gérer. Il évacua d'un froncement de cils le grésil qui venait de forcir et accéléra le pas. Il n'avait pas d'autre choix que de courber la tête et avancer. Bientôt, le château d'eau fut en vue. Moitié du chemin. Restait à monter la côte lascive qui s'achevait paresseusement devant le collège. La neige était encore dense sur les trottoirs, praticable. L'avantage de commencer tôt. « Le lundi au soleil, le moral est pluvieux. » C'était presque le contraire. C'était déjà très bien.

Matthieu profita des cinq minutes de marche qui lui restaient pour envisager l'heure de cours à venir. Il faudrait se rappeler ce qui avait été dit avant les vacances de Noël et passer à la suite, sachant que personne n'en aurait envie – à commencer par lui. Il le faudrait malgré tout. Ce n'était pas grave. On avait eu le droit à la Première Guerre mondiale avec les lettres des poilus. À l'autobiographie avec Rousseau. *Matin brun*, dans la foulée. Ça avait été fini, ça ? Non, encore des choses à dire. On parlerait de chats et de chiens, alors. De fascisme ordinaire aussi. Une belle reprise.

Quand Matthieu arriva à la grille, Camille était en train de jeter des coups d'œil aux sacs présentés ouverts des élèves. La lutte contre le terrorisme s'ajoutait désormais à sa fiche de poste. Elle frottait nerveusement ses gants rouges l'un contre l'autre. On ne voyait dépasser de son écharpe interminable et de son col remonté qu'un bout de tête encadré de cheveux blonds striés de bruns savamment assortis. Du carré dégradé à la perfection émergeaient deux yeux bleus dont l'intensité empêchait presque de voir la fatigue. Les congés de fin d'année n'avaient pas dû être plus reposants pour la CPE que pour les autres. Après avoir patiemment fait la queue, Matthieu tendit son sac à son tour.

« Bonjour !

— Bonjour, Matthieu. Ça va ?

— Nickel. Un peu à la bourre, mais bon : rentrée, quoi. Et toi ?

— Ça va. Comme un lundi. »

Camille s'arracha un sourire d'un plissement du regard. Les pattes d'oie habilement dissimulées par son discret fond de teint apparurent un instant, avant de retourner là où leur propriétaire les avait nerveusement remisées avant le réveil de sa famille, devant le miroir.

« Pareil. Bonne année en tout cas.

— Bonne année, Matthieu. »

Elle la lui avait souhaitée avec l'enthousiasme du faire-part conviant famille et amis à une crémation, et s'était remise à examiner les sacs. La file avait enflé, la sonnerie allait retentir d'une minute à l'autre. Les politesses attendraient la pause, si Camille s'en accordait une. Matthieu prit une grande inspiration en franchissant le seuil de l'établissement. Show time.

« Eh m'sieur, c'est abusé quand même !

— Qu'est-ce qui est abusé, Nabil ?

— Bah, l'histoire avec les jardins, là. J'étais au club nature avec M. Herrera et il nous a raconté le truc avec la route et tout, c'est chaud.

— Écoute, Nabil : je ne sais vraiment pas de quoi tu parles. Ça m'intéresse, hein, mais on pourrait attendre d'être au troisième étage pour en parler ? »

Nabil opina en rigolant, perdant la moue surjouée qu'il avait arborée en interpellant son professeur de français. Matthieu, pendant ce temps-là, se maudissait comme souvent d'avoir fumé au réveil et de peiner à garder son souffle dans les escaliers qui le menaient à son premier cours de la matinée. Arrivé devant sa salle, il retrouva sa respiration le temps d'ouvrir la porte et d'attendre les retardataires qui se tançaient joyeusement en remontant le couloir d'un rythme de sénateurs. Il se posta à côté de l'entrée et indiqua à ses élèves qu'ils étaient autorisés à entrer. Il les salua un à un en se composant un sourire. Quand le dernier fut arrivé à sa place, il laissa la porte ouverte et s'avança jusqu'à son bureau pour y allumer son ordinateur.

« Vous pouvez vous asseoir. »

Du brouhaha habituel de crissements sur le carrelage usé et d'invectives endolories par le premier réveil nocturne depuis quinze jours émergea une explosion d'onomatopées euphoriques. Younès tendit l'index vers un point que Matthieu ne pouvait voir de son bureau et tourna la tête vers l'enseignant pour s'exclamer :

« C'est Clément, m'sieur ! Il s'est défoncé tout seul ! Il s'est assis à côté d'sa chaise !

— Nique ta mère, toi ! J'me suis pas défoncé tout seul, c'est les putains d'chaises de c'collège de merde, là !

— Si, tu t'es défoncé ! renchérit Nabil. T'es éclaté au sol, gros ! Mais toi, c'est pour de vrai ! »

L'éclat de rire fut général. Matthieu fila jusqu'au fond de la salle avant que Clément n'ait eu le temps de se relever pour se jeter sur son camarade. Il s'interposa sans le montrer entre les deux pour prendre des nouvelles. Clément n'avait pas menti : la chaise gisait par terre. L'un de ses pieds était tordu. L'autre avait roulé jusqu'au mur.

« Ça va, Clément ?

— J'vais t'défoncer toi, la vie d'ma mère !

— Laisse Nabil tranquille. Ça n'en vaut pas la peine. En plus, c'est toi qui avais raison : c'est la chaise qui a cassé. Je suis désolé. Nabil, viens avec moi : on va essayer d'en trouver une dans la salle de Mme Grandais. Ça t'évitera de raconter d'autres fadaises. Les autres, sortez votre cahier. J'arrive. »

Les troisièmes obéirent mollement. Matthieu se dirigea vers la porte, précédé de Nabil. Tandis qu'ils arrivaient dans le couloir, Clément revendiquait en termes choisis la chaise de celui qui venait de partir lui en chercher une.

« Va bouffer tes grands morts ! C'est toi la fadaise, là ! »

Le professeur fit semblant de n'avoir rien entendu et frappa à la première porte qui se présenta à lui.

« Chut ! Commencez pas l'année comme ça, les quatrièmes, ou ça va être compliqué, je vous promets. Oui, entrez ! »

Le ton était énergique, la voix déjà fatiguée. Matthieu entra dans la salle.

« Salut, Marie.

— Monsieur Simonin, bonjour.

— Bonjour, monsieur ! s'exclamèrent les élèves en chœur.

— Chut. Que me vaut l'honneur de votre visite ?

— Nous sommes à la recherche d'une chaise. En auriez-vous une en trop, chère collègue ?

— Désolée, mais pas du tout : j'ai déjà dû courir après une table en arrivant, alors… Essaie la réserve.

— Ah. OK. Merci quand même. Bonne rentrée à tous.

— Bonne rentrée, monsieur ! » répondit la classe à l'unisson.

Matthieu referma la porte sur les efforts de Marie pour retrouver un semblant de calme avant de se diriger vers l'autre extrémité du couloir. Des éclats de voix lui parvenaient de sa propre classe. Il hâta le pas. Nabil profita du trajet supplémentaire pour se hisser à la hauteur de son professeur.

« Eh m'sieur, alors, les jardins, vous en dites quoi ? C'est abusé ou pas ? »

Nabil ne lui laissait pas le temps de se mettre en ordre de bataille – mais c'était de bonne guerre. Il avait patienté près de dix minutes pour avoir la réponse à sa question, et presque traversé dans les clous en attendant. Matthieu profita du délai contraint par l'état du mobilier fourni par son employeur pour répondre.

« C'est quoi cette histoire ?

— Eh bah M. Herrera, il a dit que comme ils construisaient une maison des sports ou je sais pas quoi dans le terrain derrière le collège, ils allaient faire une route pile sur nos jardins, là où on a planté des arbres et tout. Et moi, je trouve ça abusé.

— Attends Nabil… "Ils", c'est qui ?

— Mais j'en sais rien moi, m'sieur ! Un département, ou la mairie, je sais plus. N'empêche que ça va défoncer ce qu'on a fait. Vous trouvez que c'est bien, vous ?

— Non, bien sûr que non. Écoute, Nabil, je vais en discuter avec M. Herrera, et on en reparle au prochain cours. En attendant, tiens, prends ça. On a de la chance : c'est la dernière. »

Nabil soupira avant de se saisir de la chaise à quatre pieds et de repartir vers l'autre bout du couloir. Matthieu referma le placard poussiéreux et lui emboîta le pas. Il ne lui restait plus qu'à faire cours.

Noël

Julien avait demandé aux élèves de déblayer les branches tombées pendant les coups de vent qui avaient soufflé sur les fêtes de fin d'année. Lui s'était mis en tête de creuser à grands coups de pioche la terre qui lui résistait comme un sol d'hiver. Ce chantier aurait dû attendre le printemps. Mais Julien avait besoin des tremblements vains qui faisaient résonner les muscles engourdis de ses bras. Les flocons s'accrochaient à ses cheveux à travers son bonnet trempé, la sueur au reste de ses vêtements. Bientôt, peut-être, il en baverait suffisamment pour ne plus pouvoir penser. Ce n'était pas encore le cas. Sa mémoire lui servait en boucle le dernier repas qu'il avait eu à passer dans sa belle-famille.

Noël n'avait été comme à son habitude qu'une lente succession de déceptions gorgées de gras et de rots avinés mal contenus. Les grands-mères s'étaient plaintes des absences coupables de celles et ceux qui les entouraient enfin, tandis que l'oncle raciste et boomer en chef de toutes les familles enchaînait les poncifs à souffler pour des générations. On avait craché sur les écolos en se lamentant de cet hiver qui n'en finissait pas d'être si chaud, ironisé sur les éhontés privilèges des fonctionnaires en se plaignant du temps d'attente aux urgences faute de personnel motivé pour rejoindre l'hôpital, expliqué qu'on ne pouvait pas accueillir toute la misère du monde et relativisé dans la même phrase le sort des milliers de réfugiés noyés en Méditerranée – après avoir salué l'humanisme de l'homélie du curé qui, au milieu de la messe de minuit, avait appelé à la solidarité entre les peuples, les genres et les générations. On avait parlé de tout et de rien – et à peine de tout, finalement. On s'était bâfré en ergotant sur les Restos du cœur, servi un énième ballon de rouge en critiquant les alcooliques, et on avait parlé, parlé, parlé encore. On avait dilué le temps jusqu'au paradoxe, l'étirant et le resserrant à foison, au gré des sujets et des amalgames. On avait fini bien trop tard, en se navrant déjà de la trop courte nuit à venir. On avait habillé le vent de courants d'air – et on s'était plaint du rhume annoncé.

Julien quitta ses souvenirs pour arracher une énième fois la pioche de l'entrelacs de racines et de pierres où il l'avait fichée. Tandis qu'il s'accordait une pause pour reprendre sa respiration, il vit une silhouette traîner son sourire et son parapluie jusqu'à lui.

« Salut, monsieur Herrera. Je ne te dérange pas ?

— Salut, Matt.

— T'as cinq minutes ?

— Oui, carrément. On a fait un peu d'élagage et de remise à niveau des tuteurs, mais en janvier, les jardins, c'est calme. Et puis ça va me permettre de souffler.

— T'es sûr ? Quand on voit ton état, ça ne paraît pas si calme...

— Oh ça. Ouais. Ça fait passer la reprise, les coups de pioche. Et puis vaut mieux que je passe mes nerfs sur les jardins que sur les gosses.

— Ouais, c'est pas une mauvaise idée, en effet. Ils sont calmes, les gamins, justement ?

— Oh bah, tu vois : Emma, Aliou et les autres bossent tranquillement. En fait, à part Bryan et Yacoub qui font gentiment n'importe quoi comme d'hab', ça va. »

Matthieu suivit des yeux le coup de menton de Julien : les deux élèves en question se couraient après en mimant un combat d'épées avec des branches mortes, sous le regard vaguement consterné de leurs camarades occupés à remettre à neuf les fils de fer des espaliers. Julien enleva ses gants, remit son manteau pour éviter d'être rattrapé par le froid et suivit Matthieu qui allait s'asseoir. Depuis le banc décati qui trônait à côté de l'entrée du collège, ils avaient une vision d'ensemble des jardins.

« Alors ? Qu'y a-t-il pour ton service ?

— C'est Nabil qui m'a parlé d'une histoire de projet de la mairie, et comme c'était pas super clair...

— Pas la mairie, le département. Ils veulent faire passer une route pour la future maison des sports.

Et au lieu de prolonger celle qui longe le collège, ils veulent couper par les jardins.

— Quelle bande de connards… lâcha Matthieu. C'est la cheffe qui t'a prévenu ?

— Ah bah non. C'est ça le plus fort ! Je l'ai découvert par hasard. Je suis allé me renseigner en mairie sur le plan d'occupation des sols, parce qu'on voulait creuser une nouvelle mare à côté du verger. Et là, j'ai vu qu'ils avaient déposé le projet de travaux pour le percement de la route.

— Sérieux ? Et c'est prévu pour quand ?

— Début du chantier dans six mois.

— Mais attends… Si t'étais pas tombé là-dessus…

— On l'aurait appris en voyant débarquer les pelleteuses en juillet. »

Julien souriait comme il savait le faire dans ce genre de circonstances, avec une sorte de détresse habitée. Matthieu connaissait cette mine, encore davantage ce qu'il y avait derrière. Depuis son arrivée dix ans plus tôt, son collègue utilisait pratiquement toutes ses pauses déjeuner pour animer le club nature. Ce qui n'était à l'origine qu'un projet était devenu au fil des trimestres une composante essentielle de la vie du collège. Les petits citadins qui naviguaient au quotidien entre leurs barres d'immeubles et la bordure du périphérique y apprenaient à observer les espèces protégées de la mare, allaient nourrir les poules et récupérer les œufs dans la cabane qu'avaient construite les élèves de Segpa cinq ans plus tôt, ramasser les fruits des framboisiers, des mûriers et des pommiers plantés par eux ou leurs aînés, détailler le ballet des abeilles, des coccinelles, des papillons. Ces jardins n'étaient plus ceux de Julien depuis longtemps ; ils étaient désormais ceux du quartier et sa mémoire en germe.

« On fait quoi alors ?

— Bonne question. Je suis en train de monter un dossier à adresser aux élus, déjà. J'ai commencé à rédiger une pétition. Et il y a une réunion de quartier bientôt. Si rien ne bouge, je vais y aller pour cuisiner le maire sur le sujet. Faudra sûrement faire plus, et mieux. Mais j'ai pas d'autre idée pour le moment.

— Attends, tu déconnes ? C'est déjà énorme ! Et puis on va chercher avec toi. »

La neige s'était changée en pluie et faisait désormais crépiter les baleines. Matthieu avait serré les jambes pour que les gouttes cessent de s'abattre sur ses tennis déjà maculées de flocons empêtrés de boue. Julien jugea qu'il était temps de renvoyer son collègue et les élèves au chaud. Lui allait ranger le matériel et arrêter de penser à autre chose qu'à ce qui comptait vraiment. Les réactionnaires étaient les mêmes depuis assez longtemps pour que Julien croie encore que l'avenir pouvait appartenir à d'autres. Il le leur laisserait l'avenir, s'il le fallait. Mais pas ses jardins.

Liliane

Matthieu dut comme chaque jour s'y prendre à deux fois pour réussir à ouvrir la porte d'entrée qui donnait sur le couloir réservé à l'administration. Les gonds finirent par râler laborieusement. Enfin au sec. Il essuya comme il le put ses chaussures sur le paillasson élimé devant la loge vide. Béa aurait dû accueillir les visiteurs et gérer le standard de l'établissement ; son arrêt maladie avait de nouveau été prolongé d'un mois, et les bribes d'information qui avaient accompagné la nouvelle n'étaient en rien rassurantes. Matthieu replia son parapluie et le posa à côté de ceux des collègues qui l'avaient précédé, tous plus fatigués les uns que les autres. En se dirigeant vers la vie scolaire qui servait de sas entre la direction et le reste du collège, il entendit une voix persifler du bureau qu'il venait de dépasser :

« Matthieu ? Tu as une minute ? »

Le professeur suspendit sa marche. Il avait une minute. On a toujours une minute. Mais il connaissait assez sa principale pour savoir qu'elle venait de le priver du dernier quart d'heure de sa pause déjeuner.

Il leva les yeux au ciel en faisant demi-tour. Il passa une tête par l'embrasure, accroché au chambranle écaillé et au mince espoir qu'il n'aurait pas à aller plus loin.

« Entre et assieds-toi. Ça tombe bien que je te voie. Tu peux repousser la porte derrière toi ? »

La porte de Liliane était toujours ouverte. Sauf quand elle était en réunion, en entretien, au téléphone ou désireuse de travailler au calme. On lui avait expliqué en formation que c'était important, une porte ouverte, quand on était cheffe d'établissement – disponibilité, bienveillance, horizontalité. Autant de symboles essentiels que Liliane laissait à son adjointe. La porte de l'adjointe était toujours ouverte. Matthieu ferma donc, et s'assit sur la moins abîmée des deux chaises devant le bureau couvert de fournitures dissipées.

« Il fallait que je te voie aussi, Liliane. Avec les collègues, on voulait déposer une demande d'heure d'information syndicale pour janvier.

— C'est un droit, Matthieu : une par mois, sur votre temps de service. Tu n'as pas besoin de me demander la permission.

— Oui, je sais. Mais on voudrait faire ça vendredi – en dernière heure, pour que les élèves puissent être libérés et que ça n'impacte pas trop la vie sco. Je sais que la demande doit être faite au moins une semaine avant, mais j'ai complètement oublié de m'en occuper pendant les vacances.

— Oh, s'il n'y a que ça, je peux faire une exception pour vous arranger. Tu antidates le courrier et tu fais en sorte que je l'aie aujourd'hui.

— Merci.

— Mais de rien, voyons. Tu sais bien que je fais toujours ce que je peux pour arranger mes enseignants dès que j'en ai la possibilité. »

Liliane disait vrai ; mais tout était dans la nuance apportée à la fin de sa phrase. De fait, Matthieu trouva étrange que sa demande ait été traitée de manière si cordiale et rapide.

« De mon côté, j'ai une bonne et une mauvaise nouvelle pour toi.

— Commence par la bonne, ça changera.

— Toujours le mot pour rire ! glapit-elle. La bonne nouvelle, c'est qu'on a reçu la date de ton rendez-vous de carrière.

— Ah ? C'est la bonne nouvelle ?

— Je sais que c'est toujours un moment stressant pour vous. Mais j'y ai toujours vu un temps important pour faire le point sur vos pratiques, vos ressentis et votre carrière. Tu me connais : je préfère le verre à moitié plein.

— Moi aussi. Mais bon... Et c'est prévu pour quand, alors ?

— La semaine prochaine. Mardi matin. Avec les 3e D.

— Mardi prochain ? Mais on ne doit pas être prévenu quinze jours avant au plus tard ?

— C'est le cas. Tu n'as pas reçu le mail dans ta messagerie I-Prof ? »

Matthieu n'avait pas consulté sa boîte pendant les vacances, pour une fois. Il aurait dû. Une inspection. La sonnerie le tira de ses pensées. Ses élèves allaient commencer à l'attendre.

« Tu as cours, là ?

— Oui. Avec les 3D, justement.

— Bon. Je vais faire vite alors, pour ne pas te mettre en retard. On a reçu le budget prévisionnel pour l'année prochaine. Sans surprise, on perd encore des heures.

— Comment c'est possible ? On refuse des inscriptions par manque de place. Les classes sont pleines à craquer et on nous enlève des heures ?

— Qu'est-ce que tu veux que je te dise ? se navra mollement Liliane. J'aimerais que ce soit autrement, mais c'est partout pareil.

— Mais on peut se battre, quand même ?

— Ah oui, bien sûr ! Tu sais bien que j'encourage toujours mon équipe à se mobiliser quand cela est bénéfique pour les élèves.

— Ça t'embête si on en reparle plus tard ? Mes élèves m'attendent, justement, et… »

La seconde sonnerie interrompit Matthieu. Sabrina devait être sous la pluie devant le préau à essayer de contenir les impatiences des élèves, sans savoir pourquoi leur professeur, pourtant présent, n'était toujours pas arrivé.

« Deux minutes encore, c'est important. Ce que je voulais surtout te dire, c'est que cela va t'impacter toi, directement : comme on a pris sur les crédits des maths l'année dernière et sur ceux de l'histoire-géo celle d'avant, cette fois, pas le choix : ce sera en français qu'on perdra des heures.

— Oui, je me doute. Mais pourquoi moi ? C'est toute l'équipe qui va être affectée.

— Oui, mais c'est ta quotité de service qui va être réduite.

— Encore ? Mais je suis déjà à 60 % ! J'ai dû prendre un mi-temps à côté pour boucler les fins de mois. »

Matthieu avait perdu patience depuis un moment déjà. Liliane improvisa une moue qu'elle voulait compatissante.

« Je sais, Matthieu. Je suis désolée pour toi. Mais en plus, Marie a prévu de reprendre à 100 %. Et comme tu es le dernier arrivé…

— C'est moi qui trinque. J'ai compris.

— Ne le prends pas comme ça, Matthieu. C'est triste pour toi, mais tout le monde fait tout ce qu'il peut. À commencer par moi.

— Et donc ? Concrètement ? Il me restera combien d'heures en septembre ?

— Très peu. Peut-être aucune.

— Attends… Mon poste va être supprimé ?

— Non, non : ça, je me battrai pour que ça n'arrive pas ! Tu me connais, moi je…

— Comment je pourrais avoir un poste ici sans heures ?

— Allende serait ton collège de rattachement. Et tu effectuerais ton service ailleurs. Je crois qu'il manquera six heures à Victor Hugo. Et peut-être quatre à Albert Camus. Et moi… »

Matthieu avait cessé d'écouter depuis un moment. Il fixait la bouche gercée maladroitement maculée qui continuait de s'agiter dans le vent. Dehors, Sabrina avait fini par prendre la direction de la salle de permanence, suivie par une cohorte bruyante et détrempée. Liliane avait du rouge à lèvres sur les dents. C'était ridicule.

Le RSST

La nuit était tombée depuis un moment quand Matthieu jugea qu'il avait assez préparé son prochain cours avec les 3D et, surtout, l'inspection qui le suivrait le jour suivant. Après-demain, il faudrait conclure l'étude de *Matin brun* en une heure au lieu de quatre, comme si de rien n'était. Matthieu avait choisi de faire une croix sur les deux dernières activités qu'il avait initialement prévues.

Il éteignit son ordinateur et grimaça un lever jusqu'à l'interrupteur du salon. Il se ravisa une fois debout, avisa le rocking-chair qui faisait face à la cheminée, s'y installa et entreprit de lancer un feu. Matthieu ouvrit la vitre de l'insert et la cala avec une bûche. Il dégagea la grille des cendres de la veille avec la pince afin de ne pas gêner la circulation de l'air. Puis il assembla le foyer en devenir comme on le lui avait appris dans son enfance : deux feuilles de papier journal froissées, mais pas trop, pour que l'oxygène puisse passer. Quelques pommes de pin ramassées l'automne précédent par-dessus, et les brindilles du même après-midi en supplément. Du petit bois, organisé en tipi.

Et enfin la bûche, qu'il saisit de la main gauche tandis que la droite empêchait la vitre de se refermer. Il s'aida de son genou pour remplacer la paume partie chercher la boîte d'allumettes posée à côté. La pièce à peine éclairée par la seule ampoule de l'entrée s'illumina bientôt, et les premiers crépitements habitèrent les silences accumulés depuis le début du week-end. Matthieu accompagna doucement la fermeture de la vitre et resta quelques minutes à contempler le ballet des flammèches. Il ne pensa à rien d'autre qu'au bois, au feu, à la chaleur qui commençait à lui parvenir. Puis il se leva et alla se servir un whisky avant de gagner son canapé. On était samedi soir, après tout.

La première gorgée lui brûla délicieusement le palais. À une époque, il en avait bien trop pris, et bien trop souvent pour les apprécier toutes. Désormais, il voyait en l'alcool un compagnon agréable, qui répondait toujours présent quand il s'agissait de fêter une bonne nouvelle ou d'en oublier une mauvaise, mais qui avait tendance à vite s'incruster s'il n'y prenait pas garde. Matthieu faisait donc attention, et pouvait ainsi pleinement savourer le verre qu'il faisait régulièrement tourner devant ses yeux, accrochant de vagues huileuses les rougissements du foyer en plein éveil.

La deuxième gorgée le replongea dans les détails de l'heure d'information syndicale de la veille. Marie avait semblé abattue. Atteinte. La perte des heures, l'augmentation du nombre d'élèves à accueillir et les problèmes du quotidien qui avaient été énumérés par la vie scolaire en préambule… Le plan de bétonnisation des jardins avait été expliqué par Julien, ainsi que les idées de mobilisation qu'il avait déjà envisagées. Le soutien avait été unanime. Celui de Marie, pourtant, avait semblé mécanique. Éteint. Matthieu avait essayé de la réconforter entre deux prises de parole. Cela n'avait pas été une franche réussite.

« Tu sais… On a l'habitude, de ce genre de trucs. On a toujours fait avec, alors on fera avec une fois de plus.

— Nan mais je le sais, que c'est comme ça, mais c'est de pire en pire ! Et puis l'idée que tu partes à cause d'une histoire de thunes… Non, désolée : c'est non. C'est trop bien de bosser ensemble. »

Marie Grandais était professeure de lettres, comme lui, mais elle avait également en charge l'accueil des UPE2A, le sigle barbare de plus qui désignait la structure d'accueil des élèves d'origine étrangère qui ne parlaient pas ou qu'à peine français. Les moyens qui leur étaient alloués diminuaient d'année en année, et leurs situations se dégradaient à vue d'œil. Marie avait illustré tout cela d'un exemple concret quand ils étaient allés prendre un verre après la réunion pour leur traditionnel débrief :

« Tu vois Aliou, celui qui est arrivé le mois dernier je crois – oui, mi-décembre, c'est ça. Il a quinze ans, officiellement, mais sûrement plus. Personne ne peut le savoir, de toute façon, vu qu'il s'est fait piquer ses papiers par des passeurs au large de Gibraltar. Bref. Je te passe les conditions de son arrivée là, parce que je vais encore pleurer… En attendant, on l'a balancé en quatrième.

— Oui, je vois très bien : je l'ai en soutien le lundi. Mais attends… S'il a quinze ans… Ça aurait dû être en troisième, non ?

— Bah ouais. Sauf qu'il n'y a plus de place en troisième, tu le sais bien. Résultat : il perd un an, comme ça, gratos. Et tu sais la meilleure ? C'est même pas par Liliane que je l'ai appris. C'est par Mohammed, le pote d'Aliou, l'autre jour, en vie de classe. Et ça achève de me ruiner le moral.

— Après, c'est peut-être pas un mal pour lui d'avoir un an de plus avec nous, histoire d'apprendre à comprendre et parler notre langue avant d'aller ailleurs, si ?

— Nan mais Matt, tu t'entends, là ? “C'est pas un mal” ? On dirait du Liliane ! Non, pire : du Agnès ! On lui pique une foutue année de sa vie ! On devrait pouvoir lui offrir des conditions d'accueil décentes, adaptées, des perspectives et tout – et là, on l'utilise comme une putain de variable d'ajustement ! »

Matthieu plongea le nez dans son verre en se remémorant le coup de sang de Marie. Bien sûr qu'elle avait raison. Aliou avait fui la guerre à quatorze ans, seulement armé des quelques économies que lui avait confiées son vieil oncle pour qu'au moins un membre de la famille survive. Il n'avait accepté l'argent qu'après la mort de son père, la disparition de sa mère et l'arrestation de sa sœur, quand le dernier membre de sa famille encore à ses côtés lui avait assuré que, s'il ne partait pas, il ne survivrait pas assez longtemps pour aider qui que ce soit. Aliou avait ensuite remonté la moitié de l'Afrique, échappé à trois naufrages en Méditerranée et au moins autant de tabassages en règle, avant de finir dans un camp de migrants quelque part en Espagne. On avait fini par l'envoyer ici, en Normandie, sans que personne ne sache vraiment pourquoi ni comment. Depuis, Aliou se faisait maltraiter par les autres galériens de son foyer d'accueil, souffrait du froid, de la faim et de la peur, mais n'arrêtait pas de remercier la France qui lui tendait la main. Pourtant, dès qu'il mettait un pied en dehors du collège, la France le poussait dans le bus, l'invectivait dans la rue ou se moquait ouvertement de lui quand il cherchait ses mots dans les commerces. Matthieu n'avait plus la force d'être davantage que résigné ; Marie, elle, allait de colère en colère. Elle en venait à être chaque jour plus consumée par elles.

Tandis qu'il regardait sans les voir les flammes danser à travers son verre bientôt vide, Matthieu pensait à elle, bien sûr, mais aussi à Julien, aux jardins, à Aliou et, une chose en amenant une autre, au RSST. Le registre santé et sécurité au travail, l'organe officiel réservé aux salariés de l'Éducation nationale pour avertir leur hiérarchie des problèmes qu'ils rencontraient dans l'exercice de leur métier – celui-là même qui n'était utilisé qu'en cas d'urgence, comme dernière étape avant de recourir au droit de retrait en cas de DGI, « danger grave et imminent ». Le RSST qu'ils avaient été une bonne vingtaine à remplir l'année précédente lors d'une énième crise au collège. Le même qui n'avait rien déclenché, pas même une prise de contact de la part du rectorat.

Matthieu se leva et tituba jusqu'à la table du salon pour aller y chercher son ordinateur, avant de revenir s'effondrer dans son canapé. Le temps que le PC s'allume, il se servit un second whisky, se roula une cigarette et l'alluma. Il fila sur la page académique dédiée et lut ce que les autres avaient déjà écrit avant lui au cours de la semaine. Sans surprise, tous ses collègues racontaient les uns après les autres comment ils étaient en train de perdre pied. Le dernier témoignage en date était celui de Julien. Il l'avait posté moins d'une heure plus tôt, alors qu'il était bientôt minuit. Matthieu posa son verre et s'enfonça peu à peu la tête dans les mains à mesure qu'il avançait dans sa lecture.

« J'écris pour la première fois de ma carrière dans le RSST. J'aurais pourtant eu de bonnes raisons de le faire, à maintes reprises ces dernières années, mais le manque de temps, la résilience, la charge mentale, la honte de décrire l'évolution de mes conditions de travail, ou encore le fait de ne pas savoir par où commencer m'ont conduit à ne pas le faire précédemment. Je n'ai pourtant pas que cela à faire, mais la nécessité de rendre compte de ce que je vis (ne serait-ce que pour vider mon sac) devient une nécessité absolue. »

Julien détaillait ensuite sur plus de deux pages ce qui l'avait amené à alerter sa hiérarchie. Perte de moyens. Établissement vétuste et passablement insalubre. Injonctions contradictoires et impérieuses sans fin de la part de ministres interchangeables aux réformes bâclées. Et la goutte d'eau : le projet de destruction des jardins.

La conclusion était pire encore que ce qui la précédait. Elle actait l'absence de perspectives et d'espoir.

« Je mesure la chance de travailler avec des collègues formidables, dont beaucoup sont des amis. Il ne fait aucun doute que de telles dégradations mènent les équipes d'autres établissements à s'entredéchirer pour se partager les miettes que l'administration leur jette, chaque année un peu moins. Ce n'est pas encore notre cas. Toutefois, je ne peux m'empêcher de me poser des questions pour l'avenir : combien de temps notre équipe tiendra-t-elle ? Qui seront les prochains à craquer ? Quel niveau de souffrance au travail faudra-t-il atteindre pour que l'administration réagisse ? Dois-je abandonner cette profession ?

Je précise que je ne souhaite pas bénéficier d'un soutien psychologique, je préférerais que l'on traite les causes des problèmes plutôt que leurs conséquences. »

Matthieu s'enfonça dans son canapé et ralluma la cigarette qu'il avait laissée s'éteindre. On en était là, donc. Même Julien, le cador du collège, celui qui avait toujours un sourire à offrir, une solution à apporter et un bon mot pour remonter le moral des troupes était en train de craquer. Matthieu finit son verre d'un trait, écrasa son mégot dans le cendrier qui débordait sur la table et se mit à écrire. Il aurait mieux valu attendre d'être sobre pour s'adresser directement à son administration. Il n'en avait aucune envie. Il fallait que cela sorte – mal, sûrement, mais vite. Il intitula son message « Démission », puis tapa à la volée :

« J'écris ici pour la deuxième fois en un an. Ce sera sûrement la dernière, puisque notre administration ne prend même pas la peine de nous répondre en pareille circonstance. Néanmoins, il me semblait important d'expliquer ce qui s'est déroulé au cours de cette année passée à attendre un signe de ma hiérarchie.

L'an passé, j'alertais sur notre souffrance généralisée, l'impossibilité de faire correctement notre travail dans des conditions déplorables et mon envie de plus en plus prégnante de démissionner. Visiblement, tout le monde s'en moque. J'ai donc entamé un processus de reconversion.

Parce que je refuse de continuer à travailler pour des gens qui préfèrent l'argent aux enfants.

Parce que je n'en peux plus de voir mes collègues fondre en larmes.

Parce qu'il est hors de question que je continue de me démener pour un ministère qui nous méprise.

Parce que j'en ai marre de passer des heures en réunions, en discussions, sur le RSST pour demander l'aumône quand nos élèves devraient simplement avoir ce à quoi ils ont droit.

Parce que j'ose aujourd'hui affirmer que je mérite mieux qu'un salaire de misère, une pression constante et une incertitude permanente quant à mon avenir, à celui de mes élèves et à celui de mes collègues.

Parce qu'enfin je suis épuisé, stressé et triste. »

Matthieu arrêta de taper un moment, le temps de trouver la bonne manière de conclure. Il se souvint alors de l'incipit des *Confessions* de Rousseau, qu'il avait étudié avec les troisièmes en octobre et sur lequel il était retombé le matin même en relisant sa progression annuelle en vue de l'inspection. Ce serait parfait.

« Que la personne qui lira ces lignes, si elle existe, vienne passer une journée au collège. Qu'elle vienne constater la souffrance de nos élèves, notre énergie pour l'atténuer, le scandale de nos conditions de travail. Puis que cette personne ait le courage de dire aux jeunes que nous accueillons ce qui ressort des décisions prises pour eux depuis des années : Vous ne valez rien. »

Le zbeul

« Bonjour, m'sieur !

— Bonjour, Nabil. »

Matthieu était arrivé tôt au travail mais ne s'étonna pas d'y voir l'élève de troisième. Nabil, il avait fini par l'apprendre, était hyperactif. Il avait un traitement mais ne le prenait pas ; ses parents n'arrivaient pas à le suivre, le traitement, pas plus que leur gamin. Alors cela les arrangeait qu'il vienne au collège en avance.

« Alors, elle est arrivée vot'contrôleuse, là ? »

Nabil était souvent agité. Il parlait vite, et fort, et beaucoup, parce qu'il savait que les professeurs l'écouteraient, autant que possible. Quand il était inquiet, c'était pire. Ce matin de janvier, Nabil était inquiet ; Matthieu avait du mal à lui en vouloir.

« Pas encore, non. Ne t'inquiète pas, tu la verras dans une heure. Sois sage avec M. Herrera, en attendant.

— Ne vous inquiétez pas, m'sieur, on s'est mis d'accord avec les copains, on fera zéro zbeul. »

Nabil avait déjà tourné les talons pour rejoindre Emma qui venait d'arriver. Matthieu le rattrapa d'une question.

« Nabil, attends une minute, s'il te plaît. Tu peux m'expliquer quelque chose ?

— Moi ? Vous expliquer un truc à vous ? J'veux bien essayer, m'sieur, mais faut pas qu'ce soit trop technique, hein.

— C'est quoi le zbeul ?

— Ah, le zbeul, m'sieur… »

Les yeux de Nabil pétillèrent.

« C'est trop bien, le zbeul. Le zbeul, m'sieur, c'est l'bordel.

— Et c'est trop bien ?

— Ouais, parce que c'est l'bordel, mais pas genre "C'est l'bordel ici !"… Enfin si, mais pas que ça. Le zbeul, c'est du bordel qui fait la fête, vous voyez. Le zbeul, c'est tout ce qui fait péter un câble aux vieux : le bruit, la musique, quand ça rigole, les jeunes, les chambres où ça traîne partout, les mots mal dits et les phrases pas bien faites mais quand on les comprend quand même… C'est tout c'qu'est pas bien rangé, le zbeul, tout c'qu'est pas à sa place.

— Et c'est ça qui est "trop bien" ?

— Je sais pas si c'est bien, mais c'est la vie, quoi !

— Si tu le dis…

— Mais vous inquiétez pas, m'sieur, on va être sages pour vous. Zéro zbeul ! »

Matthieu laissa Nabil filer. Il s'attendait à devoir les rassurer, lui et les autres. C'était l'inverse, comme souvent. Sa collègue Camille le salua d'un sourire mal composé.

« Alors ? Tu te sens comment ? Prêt ?

— Envie d'y aller comme de me pendre. Mais bon : ce midi, ce sera fini.

— C'est ça. Et puis n'oublie pas : au moindre souci, tu envoies un message urgent sur Pronote, et on s'en occupe. J'ai prévenu la vie scolaire, on est au taquet.

— C'est adorable, Camille. Merci. »

Elle lui tapota l'épaule avant de partir vers son bureau. Matthieu resta seul dans le couloir et, pour la première fois en huit ans, il regarda vraiment les murs. Le ciment se desséchait année après année avant de s'effriter au passage des jours et des élèves. Désormais, cinq décennies après la sortie de terre du collège alors rutilant, il n'y avait plus que l'humain pour faire tenir ce qui n'avait plus aucune raison de rester ensemble.

Matthieu arriva enfin devant sa salle. Il vérifia la connexion Internet, pré-chargea la vidéo qu'il avait prévu de diffuser en cours, puis sortit de son sac les photocopies. Il pourrait les donner au premier rang, qui les ferait circuler vers les autres. Cela les occuperait. Il regarda son téléphone : il avait le temps de redescendre prendre un café et même de s'accorder une cigarette en bordure des jardins.

Quand il arriva aux abords des premiers framboisiers, Matthieu constata que les élèves et Julien avaient bien œuvré : l'ensemble était déblayé, et le trou creusé par son collègue offrait une belle profondeur. Le climat s'était considérablement rafraîchi, et les pluies des derniers jours s'accrochaient désormais en cristaux improvisés sur les brindilles, les feuilles, les poteaux.

Matthieu farfouilla dans sa poche pour trouver un briquet et embrasa le fagot. Depuis septembre, heure après heure, interaction après interaction, il avait construit une relation vraie avec sa classe – ou du moins tenté de le faire. Cela plairait à son inspectrice, ou pas, mais il n'allait pas se mettre à jouer un rôle après avoir passé des semaines entières à expliquer à ses élèves en quoi cela était voué à l'échec. Matthieu passa un long moment à détailler ce qui lui faisait face. La butte consacrée à la permaculture se dressait au milieu des plants de mûriers et de framboisiers. À leur droite, le noisetier tortueux planté à l'automne accrochait le regard. L'allée de pommiers et de poiriers s'étalait jusqu'au bout des logements de fonction. Matthieu savait ce qui se cachait derrière : les pieds de vigne agrippés aux grilles de l'enceinte de l'établissement. Ils couraient jusqu'à l'olivier arrivé l'été précédent et placé entre les espaces de stockage du paillage et du compost. Il y en avait, des choses à sauver. Mais ce n'était pas le moment. Il écrasa nerveusement sa cigarette contre la barrière et la jeta à la poubelle avant de repartir en direction de l'administration. On lui tomba sur le râble avant que la porte d'entrée n'ait eu le temps de mal se refermer.

« Matthieu ! Bonjour !

— Bonjour, Liliane.

— Ça tombe bien que tu sois là ! Je te présente Mme Lapersonne, l'inspectrice pédagogique régionale de lettres qui vient pour ton rendez-vous de carrière. »

Matthieu détailla brièvement celle que sa principale venait de lui présenter. Jean, chaussures plates, pull noir et sac à dos tout droit sorti du rayon randonnée de Decathlon. Infiniment moins intimidante que l'idée qu'il s'en faisait. Pourtant, il avait appris à se méfier des apparences. Comme pour l'aider à liquider ses doutes, Mme Lapersonne se fendit d'un grand sourire et lui tendit la main.

« Angela Lapersonne. Enchantée, monsieur Simonin.

— De même. Enfin j'imagine. »

Liliane figea un instant son sourire en vérifiant que l'invitée n'avait pas perdu le sien, puis reprit la main tandis que Matthieu récupérait la sienne.

« Je vous l'avais bien dit, monsieur Simonin a un humour bien à lui.

— En effet, oui. Mais après tout, le rire n'est-il pas le propre de l'homme, comme se plaisait à l'affirmer Rabelais ? Humour et enseignement ne sont pas nécessairement incompatibles.

— Nous sommes bien d'accord ! Matthieu, juste pour te prévenir : j'assisterai aussi à ton cours.

— Aucun problème. Mais à condition que tu ne répondes pas à toutes les questions à la place des élèves. »

Matthieu profita du dernier dégorgement forcé de Liliane pour s'éclipser en la maudissant intérieurement : la présence de sa cheffe d'établissement n'était clairement pas une bonne nouvelle. Ce ne serait pas un face-à-face, mais un deux contre un. Y avait-il seulement assez de chaises pour les accueillir toutes les deux ? Et leurs pieds seraient-ils assez solides pour les porter jusqu'au bout de la séance ?

Quand Matthieu et sa classe arrivèrent devant la salle, Nabil se chargea comme souvent de dire trop haut ce que ses camarades et leur professeur pensaient tout bas :

« Oh mais y a la principale ! Vous nous aviez pas dit ça, m'sieur ! »

Matthieu sourit en cherchant ses clés. Il ôta ensuite les papiers qui avaient été glissés dans la serrure pendant la récréation, puis regarda le jeune garçon en ouvrant la porte avant de répondre :

« Je ne vous en ai pas parlé parce que je ne le savais pas non plus, Nabil. »

Liliane gloussa nerveusement avant de franchir la porte. Madame Lapersonne lui emboîta le pas, et Matthieu s'appliqua à saluer les élèves tandis qu'ils s'engouffraient un à un. Puis le professeur ferma la porte, se posa derrière son bureau et leur lança avec l'air le plus décontracté qu'il parvint à se composer :

« Vous pouvez vous asseoir. »

Dans les clous

L'inspectrice et la principale s'étaient installées au fond de la pièce. Tandis que les élèves sortaient plus ou moins silencieusement leurs affaires, Matthieu commença par leur distribuer un mot à destination des parents pour préparer la sortie théâtre à venir. En circulant dans les rangs, il en profita pour recadrer discrètement Clément et Younès, qui avaient entrepris de revenir sur l'incident de la chaise. Matthieu proposa ensuite à la classe de découvrir la bande-annonce de la pièce à laquelle ils assisteraient lors de leur prochaine séance ensemble. L'idée de débuter le cours par une vidéo provoqua un mouvement d'enthousiasme certain. Matthieu lança la bande-annonce, puis il embrassa la classe du regard et se rassura : pour le moment, tout le monde était calme. Tout le monde, ou presque, puisque les deux adultes étaient en pleine discussion, de manière bien peu discrète. Matthieu se garda de le relever à voix haute, comme il fit semblant de ne pas voir les gesticulations des élèves assis à proximité qui tendaient l'oreille en silence pour espérer entendre le son crachoté par les enceintes jaunies.

À la fin du clip, il donna la parole aux élèves. Comme il s'y attendait, le mot qui revenait le plus était « bizarre » ; Matthieu leur expliqua qu'il partageait lui aussi cette impression. Il en avait justement discuté avec Mme Grandais, qui avait choisi et vu la pièce : celle-ci avait eu le même ressenti, mais était sortie comblée de la représentation. Les élèves furent suffisamment rassurés pour ne pas se mettre à bavarder comme ils le faisaient quand quelque chose les préoccupait. Liliane et Angela, quant à elles, semblaient ravies de pouvoir poursuivre leur conversation. Matthieu enchaîna comme convenu avec le nouveau chapitre consacré au théâtre. Il avait prévu de débuter par la première scène d'*En attendant Godot* de Beckett. L'idée était de jeter ses élèves dans le bain de l'absurde avant de les faire jouer eux-mêmes une pièce du même genre, *La Cantatrice chauve* de Ionesco. Matthieu fit passer les photocopies depuis le premier rang et chercha deux volontaires pour lire : il y en eut quatre. L'inspectrice cessa un instant de bavasser pour noter l'enthousiasme sur son clavier, dont le cliquetis régulier résonnait dès qu'il se passait quelque chose de significatif à ses yeux.

Mathis et Chloé se sortirent de la lecture avec les honneurs, malgré quelques hésitations devant les nombreuses incohérences et répétitions dont le dramaturge avait truffé son texte. Matthieu demanda ensuite à la classe de quoi parlait la scène ; Clément s'exclama, résigné :

« Moi je dis que c'est chelou et qu'on n'y comprend rien parce que ça veut rien dire. »

À sa grande surprise, Matthieu valida l'hypothèse, et demanda aux autres de trouver des thèmes qui revenaient malgré tout. Ils lui parlèrent de douleur, de manque, d'amour. L'amour, justement, fut l'occasion pour Asma de lancer :

« Les deux mecs, ils s'embrassent, c'est n'imp ! »

Comme les gloussements commençaient à se généraliser, Matthieu désamorça en allant plus loin et en expliquant l'étymologie du mot :

« Embrasser, à l'origine, c'était juste prendre dans ses bras ; et pour faire un bisou, on disait baiser. Vous noterez que le sens des deux mots a légèrement glissé aujourd'hui… »

Les élèves rirent un peu – bien moins que si la remarque était venue d'eux. La séance put se poursuivre. Jugeant que la matière était déjà suffisante, Matthieu envoya Ethan derrière le clavier pour coconstruire la réponse. Aussitôt, l'inspectrice pianota derechef. Matthieu savait que la pratique était chaudement recommandée par l'institution : il était dans les clous. Cela ne lui avait pas demandé trop d'efforts puisqu'il croyait à ce genre de dispositifs et y avait recours dès que cela était possible. L'utile à l'agréable.

Arriva ensuite le moment fatidique : Matthieu devait les amener à expliquer, maintenant qu'ils avaient compris que cela était absurde, quel intérêt pouvait avoir un auteur à écrire ce genre de texte. Il pointa la date de sortie, 1948, et leur demanda à quoi elle faisait suite. « La Seconde Guerre mondiale ! » Matthieu félicita Léa, puis questionna le rapport entre le texte et la guerre. Les élèves évoquèrent alors tour à tour la douleur puis la séparation. Leur professeur valida les deux propositions avant d'ajouter une précision :

« La caractéristique de 1939-1945, par rapport aux autres conflits, c'est que c'est la première fois qu'on a créé une industrie d'extermination pour commettre un génocide. Vous connaissez ce mot, "génocide" ?

— C'est comme les Français ils ont fait en Algérie ? »

Matthieu essaya de cacher au mieux sa surprise :

« Oui, Yasmina, il y a eu des exactions, des crimes, de la torture, mais on ne peut pas appeler ça "génocide". Quelqu'un d'autre ? »

Un silence seulement heurté par le clavier de l'inspectrice et ses chuchotements plus ou moins discrets avec la principale. Elles devaient trouver l'absence de réponse signifiante. Matthieu commençait à se demander comment rebondir. Bientôt, il sentit qu'il était en train de bêtement perdre pied. La situation était pourtant anodine, il l'avait vécue mille fois – et après tout, il n'avait qu'à donner lui-même la définition et à enchaîner. Mais il sentit une goutte de sueur perler entre ses omoplates tandis que ses mains se mettaient à trembler suffisamment pour que cela puisse être bientôt remarqué par l'audience dans son ensemble, à commencer par Liliane et Mme Lapersonne. Il eut besoin de s'asseoir, mais se rendit compte qu'il l'était déjà. Il ne voyait pas quoi faire d'autre. Alors, une voix claire et posée jaillit du fond de la classe :

« Un génocide, c'est quand on cherche à exterminer un groupe de personnes selon sa religion, sa nationalité ou son origine, non ? »

Tout s'arrêta instantanément, tremblements, doutes, mutisme – même la goutte de sueur disparut sans attendre entre les mailles de son T-shirt. Tout était parfait dans la réponse d'Emma : le fond, exact, limpide et concis, et la forme. Ce n'était pas son genre, pourtant. Emma avait beau être particulièrement douée en français, elle ne participait jamais spontanément, et pour cause : elle haïssait cela. Quand Matthieu avait cherché une explication au phénomène, quelque temps auparavant, c'était comme souvent Marie qui l'avait éclairé :

« Je lui ai demandé l'an dernier. Parce que ça faisait tache d'avoir un bulletin aussi parfait avec juste "manque de participation" dans toutes les matières.

— C'est exactement pour ça que je te pose la question : je remplis mes appréciations, là, et ça me saoule de devoir écrire ça alors que tout le reste est parfait. Elle t'avait dit quoi alors ?

— Je m'en souviens comme si c'était hier : "Je parlerai quand il y aura quelque chose de nouveau à dire."

— Hein ? Et ça voulait dire quoi ?

— Pour te la faire courte, elle ne supporte pas le jeu de la pédagogie scolaire. Elle trouve que poser une question dont on connaît la réponse, c'est faire perdre du temps à tout le monde et, quelque part, mentir. Demande-lui ce qu'elle pense de tel ou tel truc, elle te répondra toujours ; mais si tu l'interroges pour qu'elle te récite ce que tu as envie d'entendre, bon courage, parce que ça ne l'intéressera pas du tout. »

C'était pourtant Emma qui venait de sauver Matthieu, et dans la foulée de donner tort à Marie. Il reprit sans attendre son cours après avoir validé la réponse de son élève, tout en se questionnant sur ce qui venait de se produire. Emma n'avait pas souri, bien au contraire : elle avait gardé les lèvres ostensiblement pincées et le regard sombre. Cela semblait lui avoir demandé un effort considérable ; pourquoi l'avoir fait, alors ? Matthieu choisit de remettre ses questions à plus tard et annonça le programme du cours suivant.

La sonnerie le délivra enfin. Les élèves sortirent en le saluant, la principale et l'inspectrice quittèrent elles aussi la pièce en continuant d'échanger, certains, plus motivés, s'attardèrent pour prolonger les discussions entamées pendant le cours, revenir sur l'Algérie et la sortie théâtre. Matthieu vit Nabil s'avancer en souriant vers lui.

« Z'avez vu, m'sieur, on a été sages, hein ! Zéro zbeul !

— J'ai vu, Nabil. C'était très bien.

— Par contre, pour l'histoire avec les jardins, là…

— Écoute, ça t'embête si on en reparle plus tard ? Mon inspectrice m'attend pour mon entretien.

— Ah ouais ouais, pardon, j'savais pas ! Flippez pas, m'sieur : vous allez tout déchirer ! »

L'attention de l'élève était adorable, mais Matthieu aurait souhaité que sa voix porte moins : cela lui aurait évité de se demander ce que son inspectrice avait pu en percevoir depuis le couloir. Et ce qu'elle ne manquerait pas d'en consigner.

L'allégorie de la forêt

Liliane partit installer l'inspectrice dans la salle d'à côté, que Marie et ses élèves venaient de quitter. Matthieu en profita pour finir de rassembler ses affaires. Il accéléra quand il constata que Yann attendait devant la porte en appelant ses cinquièmes au calme le temps que M. Simonin ait libéré la place. Matthieu bredouilla des excuses en passant devant son ami.

« T'inquiète, je suis pas à deux minutes. Et eux non plus, crois-moi : s'ils peuvent faire un peu moins de maths...

— Tu m'étonnes. Mais c'est gentil quand même. Allez, je file : on m'attend.

— Pas de problème. Bon courage. Ils ont été bien, les élèves ?

— C'étaient pas les élèves, le problème... »

Quand il entra dans la salle de Mme Grandais, Matthieu constata que l'inspectrice avait rapproché quatre tables pour n'en former qu'une. Elle lui fit signe de s'asseoir.

« Je suis un peu flippée des virus, parce qu'il y a eu un mort de la grippe récemment dans ma famille.

Mon père a été malade, sa femme aussi, on a surtout été inquiets pour lui, mais c'est elle qui est morte. J'ai vu que vous aviez fermé la porte. Ce n'est pas un souci, mais je préfère qu'on laisse les fenêtres ouvertes. Ça ne vous dérange pas ? »

Matthieu répondit par la négative à la question rhétorique mais n'osa pas conserver son manteau pour autant. Il avait déjà froid. Cela ne le changeait pas beaucoup de la température qui régnait à la saison dans les salles, même avec les fenêtres fermées. Régulièrement, les élèves étaient autorisés à garder leur écharpe en cours. Matthieu n'enleva pas la sienne.

« Je vous explique rapidement comment les choses vont se passer. D'abord, nous allons revenir sur votre séance du jour. Mais nous n'y passerons pas plus de dix minutes, parce que ce qui compte, c'est de tirer des perspectives. Il s'agit d'un rendez-vous de carrière, et pas d'une inspection. C'est votre premier, d'ailleurs, il me semble ?

— Oui. J'ai eu deux inspections. La dernière a eu lieu il y a sept ans je crois et…

— Très bien. Donc, je vous explique le principe. Le but est avant tout de vous écouter pour que vous me parliez de vos pratiques et de vos souhaits quant à la poursuite de votre carrière. Je vous précise juste ce sur quoi cela débouchera. Vous êtes éligible à un avancement d'échelon, et je vais donc devoir me prononcer sur celui-ci. Mais même si je le souhaite, je ne suis pas toute seule à décider. Concrètement, il y a moins d'un tiers des enseignants éligibles qui peuvent l'obtenir. 30 % exactement. Enfin non : 27 %, très précisément, avec la marge de correction de ma hiérarchie. Vous devez bien comprendre que ce que je demande peut être retoqué pour un détail, un "très bon" au lieu d'un "excellent", et même une virgule parfois. Ils sont très tatillons vous savez ! Et je ne peux rien y faire. Après, votre principale a une évaluation à remplir, qui servira de complément à l'ensemble. Je rédige assez vite mes comptes rendus, mais après, avec toutes les navettes entre les différents services, ça prend plusieurs mois. Concrètement, vous n'aurez pas votre résultat avant le mois de juin. Et je ne peux rien y faire. C'est clair pour vous ?

— Oui, tout à fait. »

Le problème, jugea Matthieu, n'était pas le manque de clarté des propos que l'institution avait mis dans la bouche de son inspectrice. C'était même le contraire. Il était désormais parfaitement établi qu'il aurait à attendre cinq mois pour connaître le résultat de sa prestation du jour. Et que Mme Lapersonne ne pouvait rien pour lui.

« Alors commençons par votre séance. Je commence par ce qui est bien, puis j'évoquerai ce qui selon moi pourrait être amélioré. Vous êtes d'accord ? »

Matthieu opina de manière parfaitement rhétorique.

« Il y a beaucoup de fluidité dans ce que vous proposez. Vous savez rire avec vos élèves, les écouter, mais aussi les recadrer dans leurs prises de parole. Vous circulez beaucoup dans la classe, ce qui rend l'ensemble dynamique. De plus, vous savez proposer de l'écriture collective comme vous l'avez fait pour le bilan de la séance en co-construction, et c'est une bonne chose. »

Matthieu s'y attendait.

« De manière générale, je dirais que vous êtes un petit malin. »

Matthieu ne s'y attendait pas.

« Vous savez désamorcer ce qui pourrait donner lieu à des prises de parole intempestives chez vos élèves, comme quand vous avez expliqué l'étymologie d'"embrasser", puis avez glissé sur celle de "baiser" : comme vous aviez déjà fait la blague, les élèves n'avaient plus à s'en charger, et vous avez pu reprendre sans problème. C'était malin. Vous êtes un petit malin. »

Soit.

« Par contre, le langage que vous employez est surprenant. J'ai noté "schizophrénique du vocabulaire" sur mon document. »

« Ah », pensa Matthieu.

« Vous utilisez des tournures comme "Genre il voit" ou "Abuse pas non plus". J'imagine que c'est pour entrer en communication avec ces jeunes. J'ai enseigné en éducation prioritaire, donc je comprends ce genre de tentation, ou d'habitude. Et en même temps, vous employez et expliquez des mots comme “concaténation” ou “stichomythie”, qui sont très soutenus. Ça m’a semblé être une sorte de schizophrénie du langage. Mais les élèves ne semblent pas s’y perdre, alors pourquoi pas. D’autant que vous ne renoncez pas à faire des textes classiques avec eux, ce qui est très bien. »

Matthieu s’autorisa à ne pas hocher son assentiment ; c’était à la fois beaucoup, quand on se trouvait face à son IPR, et bien peu, eu égard à ce qu’il aurait voulu lui répondre :

« Alors non, copine, la schizophrénie, c’est de croire que les gosses de cité, faut leur parler qu’en “wesh wesh” ou en alexandrins, mais ne pas chercher à leur montrer l’étendue complète de la langue comme à tous les élèves où qu’ils soient. Ils connaissent le langage familier, voire grossier, mais aussi le courant et même des bribes de soutenu. Ils ne savent juste pas à quoi ils peuvent servir, tous, ni comment. Et c’est à nous de les aider à se les approprier, pour que ce ne soit pas excluant. La schizophrénie, c’est de mettre des cases, et de chercher à les remplir en dépit du bon sens juste parce qu’elles sont rassurantes, le tout en empêchant qui que ce soit ou quoi que ce soit d’en sortir, et d’appeler ça “enseignement”. Ça, ma grande, c’est de la vraie bonne schizophrénie façon Éducation nationale. »

Mais Matthieu se tut, comme il avait appris à le faire à force de frayer avec ce type de discours. L’inspectrice, elle, ne s’interdisait pas de parler. Elle reprit donc :

« Passons maintenant à ce qui me semble devoir être amélioré. Il est vraiment dommageable que vous n'ayez pas davantage lié la sortie à venir avec le texte étudié. »

Matthieu était trop interloqué pour répondre. Il se prit à attendre sincèrement ce que Mme Lapersonne aurait à lui proposer.

« Oui, parce que quand on voit la bande-annonce, avec tous ces néons qui symbolisent l'enfermement, et ensuite la mention explicite du lieu, le bois, on pense forcément à la suite d'*En attendant Godot*, et à l'allégorie de la forêt. Jusqu'au bout de votre cours, je me suis dit : “Oh là là ! J'espère qu'il va y penser ! J'espère qu'il va y penser !” ; mais vous n'y avez pas pensé. »

Matthieu n'y avait clairement pas pensé.

« Et de la même manière, quand on vous a questionné sur le sens du mot “larron”, et que vous avez juste répondu “voleur” sans faire référence à la parabole du bon et du mauvais larron dans la Bible, quel dommage ! Ça aurait tellement fait sens, avec la figure du divin qu'il y a dans le titre même, *En attendant God-ot*, et ça vous aurait si bien permis d'interroger la symbolique de ce que vous alliez voir au théâtre, la solitude universelle, l'emprisonnement en soi-même, l'aporie de l'existence ! Mais vous n'y avez pas pensé. Quel dommage ! »

Matthieu abandonna alors tout espoir. Angela et lui n'étaient pas sur la même planète. Lui avait eu la sensation de faire un cours d'une qualité bien supérieure à ce qu'il était capable de proposer en temps normal. De manière plus générale, il avait étudié un extrait de théâtre classique avec vingt-cinq collégiens d'éducation prioritaire. Ceux-ci avaient apprécié, compris, participé et travaillé. Personne n'avait été laissé sur le carreau – seules deux élèves, assises de part et d'autre des invitées du jour, n'avaient pas osé prendre la parole. Jamais Matthieu ne pourrait faire mieux. Il ne lui restait d'autre option que celle de baisser les bras. L'inspectrice ne le remarqua pas, occupée qu'elle était à parler d'elle jusqu'à la fin de l'entretien.

Madame Lapersonne accorda tout de même un temps à Matthieu pour pouvoir s'exprimer. Quatre minutes. Il évoqua alors son envie de plus en plus prégnante de quitter l'Éducation nationale au bout de près de vingt ans, la myriade de problèmes liés aux conditions de travail, la perte de moyens, les situations spécifiques des élèves impossibles à accompagner comme elles auraient dû l'être. La fin de l'entrevue sonna au milieu de l'une de ses phrases. L'inspectrice en profita pour s'arroger la conclusion :

« Je prends tout ce que vous me dites en note, bien sûr. Je mets toujours un point d'honneur à relayer ce que les professeurs me disent. Bien sûr, moi, je ne peux rien faire, vous le comprenez bien. Mais il est important que vous ayez eu l'occasion d'exprimer ce que vous aviez sur le cœur. C'est vraiment essentiel pour moi. »

Elle se leva, insista pour que Matthieu ne l'accompagne pas, lui serra la main et lui souhaita le meilleur pour la poursuite de sa carrière. Après son départ, Matthieu resta un long moment assis dans ses pensées. Sa vocation et lui étaient frigorifiés.

Quelqu'un d'important

Le rectorat accueillit Matthieu sous le soleil, les pelouses bien rases et les bosquets parfaitement taillés. L'enseignant peinait à se souvenir de la dernière fois où il avait mis les pieds dans le parc qui ceignait la bâtisse historiquement immaculée et choyée comme un palais. Systématiquement, lors de ses dernières venues, les grilles ne lui avaient pas été ouvertes, et pour cause : ses collègues et lui faisaient traditionnellement le déplacement jusque-là en conclusion de leurs manifestations. Chaque fois, on leur refusait d'être reçus sans prendre la peine de le leur dire : les portes lourdement verrouillées s'en chargeaient seules. Plus personne ne s'en indignait vraiment.

Tandis qu'il remontait l'allée impeccablement gravillonnée, Matthieu se désespérait du contraste entre l'environnement dans lequel baignait sa hiérarchie et celui où ses élèves et lui avaient à œuvrer au quotidien. À Allende, les murs ne tenaient plus que par les couches de peintures qui s'y étaient succédé depuis deux générations, le bitume de la cour de récréation n'accueillait que des trous mal rebouchés, et les rares pelouses qui avaient été posées en bordure des grillages qui cernaient le tout étaient régulièrement noyées dans la boue dès qu'il pleuvait un peu. Matthieu sentit poindre un commencement de révolte ; mais bientôt, il se trouva à l'intérieur du rectorat, entouré de dorures lustrées qui balisaient des lambris à l'indécence rutilante, et son indignation se trouva aussitôt écrasée par la hauteur sans fin des plafonds.

Il n'avait pas compris pourquoi il avait été le seul à avoir été convié à un entretien suite à son message dans le RSST. Mais puisque Artémis Lebois, l'infirmière de santé au travail du rectorat, lui avait offert de la rencontrer, il avait choisi de donner suite à la proposition. Il en avait un peu parlé le matin même avec Yann entre deux cours tandis que celui-ci effaçait du tableau les équations qu'il avait péniblement essayé d'expliquer à ses troisièmes.

« Je sais pas du tout pourquoi elle m'a dit de venir, et encore moins à quoi ça va pouvoir me servir…

— À mon avis, c'est le titre de ton message.

— "Démission" ? C'était de la provoc', tu sais bien.

— Oui. Mais eux, non. Et ils doivent avoir une sorte de voyant rouge qui clignote quand il y a certains mots qui s'affichent.

— Ouais. Ça expliquerait le truc, c'est sûr… »

La souriante préposée à l'accueil invita Matthieu à apposer sur son manteau un autocollant « visiteur » avant de lui indiquer l'endroit où il était attendu et de le confier à un collègue tout aussi avenant chargé de lui ouvrir le chemin. En passant devant les bureaux impeccablement alignés, tous plus vastes et lumineux les uns que les autres, Matthieu regretta de n'avoir pas davantage soigné sa tenue : ici, les cravates succédaient aux tailleurs, et des sourcils inquisiteurs se levaient à la file pour les toiser, son sweat à capuche et lui. Son guide lui indiqua une porte qu'il ouvrit dans la foulée. Derrière se trouvait un alignement de fauteuils Empire. Matthieu fut invité à attendre un temps qui se prétendait raisonnable. Il se retint de répondre qu'il envisageait mal comment quoi que ce soit aurait pu être autrement que raisonnable en ces lieux, se contenta de remercier son guide tandis que celui-ci rebroussait chemin et s'installa. Il goûta alors aussitôt à la douceur satinée du siège et se prit à espérer qu'Artémis aurait un peu de retard. Plusieurs personnes passèrent et le saluèrent aimablement, de voix douceâtres dont Matthieu ne tarda pas à observer qu'elles étaient relativement interchangeables.

Pour patienter, il chercha à deviner à quoi ressemblerait Artémis Lebois. Quand il avait lu son nom, Matthieu y avait vu un signe plus qu'encourageant, car il lui rappelait deux de ses poèmes de Nerval préférés, « Artémis » et surtout « Delfica ». Il lui évoquait un personnage de série plutôt charismatique, que Matthieu imaginait comme une inspectrice rebelle avec un QI au-dessus de la moyenne et un sens de la punchline ravageur.

Artémis arriva, et la déception avec elle : elle était en tout point conforme à ses collègues, souriante, lisse et bien habillée. Matthieu se leva et entra dans la pièce que l'infirmière lui désignait d'un geste à la cordiale mécanique. En attendant qu'on l'invite à s'asseoir, il en profita pour prendre connaissance du lieu : l'office faisait environ la moitié de certaines des salles de classe du collège, le bureau qui le concluait était immense et merveilleusement rangé, tandis que l'ordinateur qui y était posé possédait deux écrans qui dominaient une unité centrale flambant neuve. La vue sur le jardin du rectorat qu'il découvrait par la fenêtre n'avait rien à voir avec celle du périphérique quand il était en cours.

À peine assise et Matthieu finalement convié à faire de même, Artémis lui expliqua la raison de son invitation : son dernier message sur le RSST. Elle l'avait relevé, comme elle avait relevé que plusieurs de ses collègues en avaient laissé un également. Mais seul celui de Matthieu s'intitulait « démission », ce qui expliquait pourquoi lui seul avait été contacté. Yann avait raison.

Tandis qu'elle achevait de lancer ses différents logiciels, elle demanda à Matthieu de décliner son identité, qu'elle consigna immédiatement avec application, comme si elle la découvrait alors. Puis elle se tourna vers lui et le pria poliment de bien vouloir lui expliquer ce qui lui posait problème dans son travail. Matthieu se doutait que la question lui serait posée ;

pourtant, chaque fois qu'il avait essayé de réfléchir à la façon dont il y répondrait, il n'avait jamais réussi à trouver une bonne approche. Contre toute attente, il se mit à parler. Les mots s'échappèrent sans qu'il ne parvienne à comprendre comment, et encore moins où ils allaient le mener.

« Les conditions de travail, le fait d'être chaque jour plus écrasé par des injonctions absurdes et iniques venues d'en haut, la souffrance des gosses, celle de mes collègues, l'absence de reconnaissance à tous les niveaux, voire le dédain quand j'ai attendu plus d'un an après avoir avoué la première fois ma détresse via le RSST pour avoir une réponse et, enfin, un rendez-vous aujourd'hui. On nous ajoute des nouvelles tâches à longueur de temps, et on nous sucre des heures à chaque rentrée. Toujours plus avec toujours moins. Les classes sont surchargées, et on ne peut même pas essayer de pousser les murs : on aurait trop peur qu'ils s'effondrent. Et ce n'est presque pas une blague. Mais vous savez ce qui est vraiment drôle dans l'histoire ? On n'arrête pas de me dire qu'on va supprimer mon poste, et ça résonne comme une sorte de menace permanente, mais plus ça va, plus je me dis que ça me ferait presque plaisir. Parce que j'ai entamé un processus de reconversion, mais que ça stagne, puisque je n'ai pas le courage de me lancer. L'institution a réussi à me convaincre que je n'étais bon à rien en dehors de l'Éducation nationale. Alors je crois que j'attends juste de ne plus avoir le choix, en me disant que ce ne sera sûrement pas terrible, mais que ça ne peut pas être pire. »

Artémis pianotait non-stop et ponctuait les déclarations de Matthieu de regards consternés et de hochements de tête approbateurs. Il se sentit assez encouragé pour poursuivre.

« Et puis il y a l'aspect concret de la situation au collège, avec la bordure de périphérique, les portes et les fenêtres qui s'ouvrent ou ne se ferment pas, les murs en lambeaux... Vous savez qu'en décembre on est restés quinze jours sans chauffage ? 14 °C dans les classes. Mais on a fait cours quand même, les gosses ont accepté et leurs parents avec. Et puis on nous en rajoute une couche, comme si ça ne suffisait pas, en voulant bétonner les espaces verts des gamins pour une route qui ne servira à rien. Alors je me dis : puisque tout le monde s'en moque de nous, pourquoi moi je resterais ? »

Il reprit sa respiration en observant pour la première fois depuis son arrivée les réactions d'Artémis. Celles-ci lui semblaient trop répétitives pour n'être pas un peu surjouées. Tant pis : il était enfin reçu, on lui donnait la parole – il n'imaginait pas ne pas s'en saisir pleinement. Il y était allé fort, directement. Matthieu avait cessé de parler pour lui depuis longtemps.

« Vous voyez, là où vous travaillez, vous, je trouve ça parfait : votre bureau est superbe, votre ordinateur a l'air tout récent, la peinture est fraîche, la vue est apaisante et votre fauteuil, il donne juste envie de s'asseoir dessus ! Attention, je ne dis pas que je ne suis pas content pour vous ; mais je dois bien vous avouer que je suis un peu jaloux. »

Artémis cessa un instant de pianoter et le fixa avec un sourire figé. Cela ne dura qu'un instant, au bout duquel elle se détendit et continua de noter ce qui venait d'être dit dans un silence seulement ponctué par le cliquetis de son clavier brillant. Comme pendant l'inspection. Au moins, Matthieu n'avait pas en plus vingt-cinq élèves à gérer. Quand elle eut fini, elle se tourna vers lui. Il retint son souffle : moment de vérité. Pour la première fois depuis le début de sa carrière, on allait enfin lui proposer des solutions concrètes.

« J'ai bien pris note de tout ce qui vous pesait. Après, je vais être honnête avec vous : je n'ai pas de baguette magique. »

Artémis sourit de plus belle, comme si elle se satisfaisait de ce qu'elle n'avait pas à offrir. Matthieu se souvint de la phrase de Dewey dans *Malcolm* : « Je ne m'attendais à rien, mais je suis quand même déçu. » L'infirmière ajouta que tout ce qu'elle pouvait faire, c'était faire remonter l'ensemble « en haut », mais que ce ne pourrait être trop détaillé, car elle devait s'en tenir au secret médical. Matthieu saisit l'occasion :

« Et si je vous dis que je n'en veux pas, du secret médical ?

— Pardon ?

— Si je vous dis que rien de ce que je vous ai dit n'est secret et que vous pouvez tout faire remonter intégralement, vous le ferez ?

— Eh bien, si c'est ce que vous voulez, oui, pourquoi pas.

— C'est exactement pour ça que je suis là, donc oui, je vous y autorise. »

Artémis acquiesça doucement, mais semblait contrariée par la direction que prenait cet entretien. Matthieu sentit que le rendez-vous allait tourner court et n'attendit pas que l'infirmière ne le lui signifie.

« Concrètement, donc, mes collègues et moi, on peut attendre quoi de vous ?

— Vous savez, je ne peux pas faire de miracle... Comme je vous l'ai déjà dit, je peux... je vais faire remonter.

— Oui, mais remonter vers où ?

— Eh bien... Au-dessus.

— C'est-à-dire ?

— Eh bien...

— Les ressources humaines, par exemple ?

— Oui, exactement, les ressources humaines par exemple. Les ressources humaines, oui, je vais faire remonter aux ressources humaines. »

Artémis semblait ravie d'avoir eu cette idée toute seule. Elle en improvisa même une initiative. Audace. Administrative – mais audace néanmoins.

« Tenez, je vais même vous donner ma carte en deux exemplaires. Une pour vous, et une pour vos collègues, pour qu'ils puissent me contacter quand ils le souhaitent. Et sur celle que je vous donne à vous, je note le numéro de ma collègue des ressources humaines, Mme Corbellier.

— Puisque vous dites que mes collègues peuvent vous appeler, je pense qu'ils vont le faire. Ce sera pour avoir un rendez-vous comme celui-ci ? »

Artémis paniqua une seconde. Matthieu la vit regarder sa carte de visite en se disant qu'il était sûrement trop tard pour la reprendre. La tentation était grande, néanmoins.

« Oui, oui. Mais pas tout de suite. Parce que j'ai beaucoup de rendez-vous prévus dans les jours à venir, alors ce serait bête qu'ils appellent pour rien.

— Donc il n'y aura rien de concret qui se passera à l'issue de notre entretien, c'est bien ça ?

— Non, ce n'est pas ça. Parce que déjà, le fait de pouvoir dire ce qui vous pose problème, c'est important, et ça fait du bien, non ? »

Matthieu ouvrit la bouche pour répondre mais se ravisa. Inutile. Artémis ne semblait se rendre compte de rien.

« Et puis vous avez le numéro de ma collègue des ressources humaines, maintenant !

— Oui mais justement, pourquoi je l'appellerais ?

— Eh bien pour votre reconversion : elle pourra sûrement vous proposer des formations qui vous intéresseraient. Ou accélérer des demandes de formation que vous auriez pu formuler. Vous savez, c'est quelqu'un d'important, Mme Corbellier. »

Si elle avait osé sortir de sa réserve, Artémis aurait ponctué sa dernière phrase d'un clin d'œil complice, Matthieu en était certain. Il comprit que le rendez-vous s'achevait sur ce constat : la solution pour l'aider à aller mieux, c'était de faciliter son départ. Il se leva, salua Artémis et, sans comprendre pourquoi ni comment, la remercia avant de sortir.

En repassant sous les dorures, Matthieu sentit qu'il bouillait d'une colère de moins en moins contenue. Il ne devait pas en vouloir à Artémis – elle n'y pouvait rien, elle. Pourtant, en montant dans sa voiture, ce fut une autre conclusion qui le frappa : à force de ne pouvoir en vouloir à personne dans cette institution, il commençait à en vouloir à tout le monde.

Bryan et Yacoub

Matthieu était ressorti de son rendez-vous avec Artémis vidé. Exactement comme après son entretien avec Mme Lapersonne. Une heure de palabres déconnectées de la réalité, au cours de laquelle elle avait sans fin répété qu'elle ne voulait rien moins que l'écouter, tout en ne le laissant parler qu'à la marge. Mais Matthieu avait compris que l'Éducation nationale ne cherchait pas à conserver les bons éléments. Ou ne cherchait plus à le faire. Il se souvenait d'une époque pas si lointaine au cours de laquelle il avait pu constater que des collègues appliqués étaient valorisés. Un peu considérés. Quand ils accusaient le coup, on leur proposait des évolutions de carrière, à tout le moins un minimum d'accompagnement pour envisager la suite sereinement. Ce n'était plus le cas : le temps manquait, le personnel au moins autant. Il s'agissait moins de retenir les onéreux fonctionnaires que de les remplacer à bas coûts par des contractuels payés au lance-pierre. Artémis et Angela n'étaient que les deux facettes d'une médaille rouillée qui se gargarisait seule de sa gloire passée sans voir l'état dans lequel elle était désormais.

Tandis qu'il revenait vers le collège, Matthieu se réjouissait pourtant : il n'aurait pas à assurer sa dernière heure de la journée seul. Vendredi, co-intervention pour finir la semaine aux côtés de Marie et de ses sixièmes. Matthieu avait toujours apprécié ce niveau pour la fraîcheur de celles et ceux qui le composaient. À peine débarqués de l'école primaire, déjà grands mais pas encore blasés, les sixièmes n'avaient pas les filtres qui arrivent immanquablement avec les premiers changements de silhouette et de préoccupations. Au début du collège, les barrières étaient moins hautes, à peine érigées, et il demeurait un peu de spontanéité. Régulièrement, ils tutoyaient leurs enseignants, ou leur lâchaient une anecdote poignante sur la mort de leur petit chat, voire un « maman » au détour d'un échange informel. Bientôt, ils apprendraient à canaliser leur naturel, à rentrer dans le rang des présupposés du jeu social et à camoufler leurs enthousiasmes en même temps que leurs détresses. Bientôt, ils auraient à apprendre à vivre avec quelqu'un d'autre, à la voix plus grave et incertaine, aux poils en germe, aux bras devenus trop longs. Ce serait interminable, et entravé par les regards des autres, trop heureux de pouvoir les détourner d'eux-mêmes le temps d'une saillie, d'un jet d'encre dans le dos ou d'un croche-pied. En attendant, ils étaient vrais, intenses, imprévisibles, et Matthieu n'avait de cesse de s'en émerveiller.

Il saluait l'entrée des élèves à la porte pendant que Marie préparait les ressources de l'activité à venir quand il vit arriver les deux phénomènes de la classe : Bryan et Yacoub. Un binôme comme il en avait rarement observé au cours de sa carrière.

Bryan et Yacoub s'entendaient comme larrons en foire. Quand ils n'étaient pas en cours, ils passaient tout leur temps libre ensemble, souvent dans les couloirs, à traîner. En classe, s'ils n'étaient pas côte à côte, ils se cherchaient du regard, s'envoyaient des signaux plus ou moins discrets ou s'interpellaient à voix haute, y compris quand ils étaient chacun à un bout de la salle. Surtout, depuis qu'il les connaissait, Matthieu avait appris une chose : seul Yacoub comprenait vraiment Bryan, et réciproquement. Parfois, ils se jetaient des phrases qui les faisaient rire sans que ni leurs camarades ni leurs professeurs ne saisissent quoi que ce soit. Souvent, ils attrapaient au vol l'association d'idées de l'autre, contrairement au reste du monde. Fascinant. Et régulièrement déstabilisant.

La veille encore, Yacoub avait brillé lors de la présentation de l'option italien. Marie venait de le raconter à Matthieu pour meubler leur ascension, dans un mélange dépité d'amusement et de résignation :

« J'ai demandé ce qu'ils connaissaient de Rome. Et quelqu'un balance le Colisée.

— C'est plutôt bien, non ?

— Ah mais carrément ! Sauf que, quand Bryan a dit qu'il ne connaissait pas, tu sais ce qu'a répondu Yacoub ?

— Vas-y.

— Il a éclaté de rire. "Oh l'autre, il connaît même pas le Colisée !", qu'il fait. Alors moi je lui demande : "Ah oui ? Parce que toi, Yacoub, tu sais ce que c'est ?" Et il me dit : "Bah oui ! C'est là où y avait des combats de radiateurs avant !" »

Matthieu referma la porte tandis que Bryan et Yacoub prenaient place. Au programme du jour, une séance consacrée au projet nature du collège. Le concept était le suivant : les mettre en groupes de cinq ou six, puis leur faire choisir une photo en lien avec les déchets et l'environnement en général pour réaliser une affiche. Rien de révolutionnaire. Cela était à la fois voulu et revendiqué : quand il s'agissait de prévoir le dernier cours de la semaine, Marie et Matthieu avaient de longue date compris que les ambitions se devaient d'être raisonnables.

Les deux enseignants lancèrent la séance tranquillement : les groupes, les photos, les panneaux, les mots-clefs. Les élèves parurent ravis et se mirent rapidement en activité. Mais bientôt, tandis qu'il présentait les détails du travail attendu, Matthieu fut interrompu :

« Eh m'sieur, j'peux aller aux toilettes ?

— Écoute Yacoub, ça fait un quart d'heure que tu es revenu de ta récréation, je pense que tu peux attendre…

— Mais c'est vraiment pressé !

— Eh bien, tu vas attendre quand même.

— Mais j'vous jure, m'sieur, regardez votre horloge, vous me laissez deux minutes, et en deux minutes, je suis là !

— Non, Yacoub. »

Matthieu commençait à perdre patience. D'autant que l'attention du reste de la classe ne serait pas éternelle. Yacoub revint à la charge.

« Mais m'sieur, Bryan, il y est allé tout à l'heure, lui !

— Je sais, mais c'était avant que le cours ne commence. Donc tu restes là. Alors… Où j'en étais… Ah oui : le panneau. Après la photo, les mots-clefs. Vous allez…

— M'sieur, j'vous jure, c'est super urgent !

— Yacoub, je t'ai dit non. Serre les jambes, et arrête de nous faire perdre du temps.

— Mais m'sieur, je peux pas m'retenir !

— Arrête d'insister. »

Matthieu se pinça les paupières entre le pouce et l'index pour retrouver le fil de ses explications.

« Donc… les mots-clefs, vous pouvez les écrire en grand ou en petit, de différentes couleurs… Yacoub, si tu lèves la main pour autre chose que le travail, je ne veux pas t'entendre.

— Nan m'sieur, c'est pour le travail, j'vous jure !

— OK. Alors vas-y.

— Si j'travaille bien cinq minutes, j'pourrai aller faire pipi ? »

Aliou

Tandis qu'il s'avançait vers les jardins pour entamer son ultime semaine avant les vacances d'hiver, Matthieu contemplait les branches décharnées par les bises qui s'agitaient doucement dans les rayons échappés des nuages bas. Il faisait un peu jour, maintenant. Le printemps allait encore tarder, mais on pouvait presque le sentir venir. La sonnerie retentit au loin, et se perdit entre la butte figée par le froid et les pommiers calfeutrés d'attente. Matthieu devait y aller. Impossible, pourtant. Il ferma les yeux, prit une profonde inspiration, puis expira l'air longuement par le nez en ouvrant les paupières. Recommença une fois. Une autre. Quand la seconde sonnerie retentit, il était presque arrivé dans la cour où il devait récupérer Aliou. L'élève aurait encore fait des progrès spectaculaires depuis la semaine précédente. Il lui tardait de les découvrir.

Des cris le sortirent de sa rêverie. Matthieu leva la tête et découvrit deux surveillants tentant de retenir Aliou, visiblement très remonté contre un groupe d'élèves. Des collégiens : ils avaient choisi une victime, de préférence la plus faible, et semblaient la ridiculiser bêtement. Classique. Mais Matthieu savait pour en avoir longuement parlé avec Marie qu'Aliou n'était pas du genre à s'emporter.

Alors que le groupe rigolard partait finalement en cours, le professeur essaya de parler au jeune garçon. En vain : il était hors de lui. Matthieu l'emmena en salle de médiation. L'endroit était traditionnellement utilisé pour accueillir des élèves en conflit afin de leur permettre de dire ce qu'ils avaient sur le cœur sans public. Trouver ensemble un terrain d'entente. Agréable et rassurante, la petite salle était baignée de lumière par ses grandes fenêtres, et deux canapés encadraient une table basse. Matthieu fit signe à Aliou de s'asseoir et lui demanda de lui raconter ce qui s'était passé.

Le jeune garçon lui expliqua la mâchoire serrée qu'une élève avait demandé à un autre de venir lui dire qu'il était moche. Ce n'était pas la première fois. Là, c'était par rapport à ses nouvelles lunettes. D'habitude, il les laissait dire, mais cette fois, il leur avait demandé d'arrêter. Ils avaient continué, ils l'avaient comparé à un moustique avec son gros nez et ses gros yeux. Il ne pouvait plus le tolérer, il se moquait des conséquences, pourvu que ça s'arrête. Et il n'avait pas besoin d'aide, de personne, parce qu'il gérait tout seul.

Aliou avait énoncé l'ensemble dans un français heurté, avec des mots souvent maladroits, des hésitations et des silences rythmés par le son de ses doigts tapant nerveusement sur la table, dévoré par la colère, contraint de l'exprimer dans une langue qui n'était pas la sienne. De la frustration sur de la frustration.

« Tu as raison d'être en colère, Aliou, c'est normal. Ils n'ont pas le droit de faire ça. Et nous, on doit t'aider. Parce que ça doit s'arrêter. Quand j'avais ton âge, je suis arrivé dans un nouveau collège, les autres se sont beaucoup moqués de moi. Donc je comprends. Quand plein de gens rigolent en te regardant, c'est difficile. C'est pour ça que je veux t'aider. C'est pour ça qu'on va t'aider. »

Matthieu avait essayé de peser ses mots et de les rendre à la fois intelligibles et convaincants. Il n'avait pas menti quant à ce qu'il avait lui-même eu à affronter en troisième ; mais cela n'était arrivé qu'à l'issue du divorce de ses parents, pas de la disparition de la totalité de sa famille, et encore moins après avoir eu à traverser la moitié d'un continent ni échapper une dizaine de fois à la mort. Sa couleur de peau lui avait en outre permis de passer bien plus inaperçu qu'Aliou au regard des autres, et de ne pas ajouter un motif de brimade supplémentaire. Matthieu disait comprendre ; il ne le pourrait jamais vraiment.

Aliou ne répondait pas et fuyait les yeux de son enseignant. Matthieu ne l'avait jamais vu adopter pareille attitude. Il y avait autre chose. Il fallait creuser avant de rejoindre le reste de la classe.

« Aliou, tu as d'autres problèmes ? Il y a d'autres choses difficiles pour toi en ce moment ? »

Les épaules d'Aliou commencèrent à s'agiter, et ses mains se mirent à trembler ; il pleura bientôt à chaudes larmes, se passant régulièrement les mains sur les yeux pour les éponger. Il enleva ses lunettes embuées et les posa devant lui : elles l'empêchaient de se sécher le visage. Cela ne suffit pas. Ses joues étaient trempées ; les larmes s'écrasaient de plus en plus lourdement sur la table basse. Matthieu attendit sans parler, incapable de faire davantage. Chaque crise de larmes était immédiatement remplacée par une autre, plus forte.

Après plus d'un quart d'heure, Aliou parvint à retrouver un semblant de calme et Matthieu lui tendit une boîte de mouchoirs qu'il venait d'aviser à côté du canapé. Aliou en utilisa plusieurs pour s'éponger les yeux et le visage. Un autre pour nettoyer la table. Matthieu osa reprendre la parole :

« Aliou, qu'est-ce que tu ressens ? À quoi tu penses ? »

Le jeune homme continua d'essuyer la table déjà sèche sans lever les yeux. Il cherchait ses mots pour répondre. Au bout d'un moment, il posa le mouchoir détrempé et bredouilla, les yeux dans le vague :

« Je suis seul. Je suis toujours… seul. »

Et les pleurs redoublèrent. Matthieu attendit un peu, puis posa une main sur l'épaule d'Aliou, et en accompagna les soubresauts en la laissant là. Ce n'était pas grand-chose, comme contact ; mais cela était formellement interdit par sa hiérarchie. On lui avait tellement dit qu'il fallait se méfier de ce genre de gestes si on voulait éviter les problèmes qu'il ne se l'était jamais autorisé. Pas une fois en près de vingt ans. Il n'y eut pas d'effet miraculeux : Aliou pleurait sans discontinuer. Matthieu n'avait qu'un objectif à ce moment-là : ne pas craquer, même s'il était lui-même au bord des larmes.

Dix minutes plus tard, Aliou avait réussi à cesser de pleurer. Et fut en mesure de préciser ses propos :

« Mon père, il est mort. Ma mère, elle est disparue. J'ai pas d'amis. Et je me sens… abandonné. Mais je sais pas si c'est le bon mot. »

Il fondit de nouveau en larmes, tandis que Matthieu tendait un mouchoir dont personne ne se saisissait et bégayait des paroles vides de sens. Il pouvait bien essayer : il ne serait jamais en mesure d'aider Aliou correctement.

Roberto Mas

Les enseignants d'Allende n'avaient jamais assisté à un conseil municipal. Tous avaient autre chose à faire, surtout en cette période de mars qui précédait de peu les conseils de classe du deuxième trimestre : les dernières copies à corriger, les dernières moyennes à peaufiner, et les bulletins à remplir dans la foulée occupaient leurs soirs et leurs week-ends depuis la rentrée. Pourtant, ils avaient bravé le froid et la nuit pour répondre à l'invitation de Julien qui ne se sentait pas de s'y rendre seul. Ils étaient suffisamment en avance pour partager une cigarette avant d'entrer. Le briquet de Julien fit le tour du petit groupe, et les parapluies valsèrent l'un après l'autre à chaque tentative plus ou moins réussie d'allumage, sous le drapeau tricolore humide qui tremblotait vers le trottoir.

« Tu as prévu d'intervenir à quel moment, Ju ? demanda Matthieu.

— Au moment des questions diverses. J'ai vu ça avec Paule Delhuisserie, l'élue de l'opposition. On aurait pu faire inscrire ça à l'ordre du jour, mais comme un abruti, je m'y suis pris trop tard. Comme d'hab', quoi.

— Arrête, Julien, on a tous la tête sous l'eau, et tu en fais déjà mille fois plus que nous sur le sujet. L'important, c'est qu'on soit là.

— Ouais mais, pour le coup, on a tout autant la tête sous l'eau ici. »

Tout le monde avait souri à la blague de Yann. Matthieu avait gardé le silence, plongé dans le souvenir du message de son ami dans le RSST. Depuis qu'il l'avait écrit, Julien n'avait plus abordé le sujet. Mais ses cernes avaient continué de se creuser.

« Tu sais si le maire sera là ou s'il aura trouvé mieux à faire ? ironisa Marie.

— Il sera là, j'ai vérifié auprès de Delhuisserie. C'est pour ça que je ne voulais pas attendre le prochain conseil municipal. C'est lui qui nous avait fait des promesses, c'est à lui d'en répondre directement. »

La lutte pour les jardins du collège était devenue politique. Julien avait au fil des semaines interpellé le maire, le département et la région sur le sujet, dans le prolongement de sa pétition. Comme il n'avait que peu voire pas de retours, il s'était décidé à aller poser la question directement lors d'une réunion de quartier. Il avait eu face à lui l'édile caricatural qui présidait aux destinées de l'agglomération du collège : Roberto Mas. Roberto Mas avait la mâchoire carrée des prédateurs d'hémicycles et les dents à la blancheur parfaite pour en rayer les parquets. Arriviste de cœur, girouette de conviction et clientéliste de formation, il était à la tête de la ville depuis quatre mandats. Il avait une mémoire encyclopédique qui lui permettait de faire croire à un administré croisé cinq ans auparavant qu'il le connaissait intimement. Les gens le trouvaient sympathique car il semblait à la fois investi et bonhomme. Tout était faux, évidemment : rien ni personne ne comptait vraiment pour Roberto Mas, à part lui-même. De manière générale, Roberto Mas était une ordure de première – de celles dont on se dit que, si elles existaient, elles ne seraient jamais élues. C'était précisément le contraire. C'était parce qu'il était ainsi que les gens l'appréciaient : juste assez bête en public pour qu'on ne le pense pas méprisant, visible à tous les événements qui comptaient pour ses électeurs, bon vivant dont le tutoiement jaillit à l'impromptu de manière tellement naturelle la preuve il en était sincèrement désolé. Toto, comme l'avait surnommé Julien, était de cette génération de leaders qui avaient parfaitement intégré ce qu'il fallait pour prendre le pouvoir et le conserver : éviter de susciter la méfiance des opposants en leur offrant d'innombrables occasions de se croire plus malins que lui, tout en instillant juste assez de domination dans le rapport pourtant si sincère avec la populace pour qu'elle finisse par croire qu'elle votait pour son égal, à la seule différence que celui-ci s'exprimait mieux et portait un costume. En un mot comme en cent, il était un mâle alpha à l'ancienne, mais avait compris que l'époque n'en voulait plus. Il s'était donc contenté d'arrêter de montrer les crocs, et cela avait suffi. Et c'était précisément lui que Julien allait de nouveau avoir à affronter.

Les quatre collègues s'avancèrent jusqu'à l'immense salle de réunion, dont la plupart des sièges étaient vides, exception faite d'une dizaine de chaises au premier rang, occupées par une masse relativement uniforme de pardessus bien repassés d'où émergeaient des têtes grisonnantes. Julien et sa troupe s'installèrent d'un commun accord au fond, afin de pouvoir s'éclipser avant la fin si les débats qui ne les concernaient pas s'éternisaient. Matthieu crut reconnaître le président de l'association des joueurs de belote parmi le groupe de tête. Il espéra que Julien aurait l'occasion de prendre la parole avant l'intervention de celui qui militait de manière infatigable depuis une décennie pour l'octroi par la mairie d'un local dédié à son jeu de cartes favori.

Le conseil débuta par un discours lénifiant de Roberto Mas, qui louait son action, ses projets, ses résultats et, à travers tout cela, sa personne dans sa globalité. L'opposition incarnée par Paule Delhuisserie répliqua par des chiffres, des arguments et des témoignages qui prouvaient le contraire. Quand la majorité reprit la parole, ce ne fut que pour rétorquer avec morgue que rien de tout cela ne pouvait être pris au sérieux, avant de clore le débat en remerciant poliment dans un sourire leur contradictrice. La lumière que renvoyaient les dents impeccables de Roberto

Mas illuminait jusqu'au siège sur lequel trépignait Matthieu. Il aurait donné n'importe quoi pour lui en faire sauter quelques-unes – des incisives, de préférence.

« Nous allons maintenant passer aux questions diverses s'il y en a. Oui ? Monsieur ? Christine, vous pouvez apporter un micro à monsieur ? Merci infiniment, Christine. »

Christine trottina vers la main levée de Julien, son collier de perles sautillant d'un pas sur l'autre. Quand elle eut tendu le micro, Christine resta debout dans le fond de la salle à attendre la fin de la discussion. Elle en profita pour réajuster son bijou sur son col Claudine, tandis que Julien se levait et se raclait la gorge :

« Monsieur le maire, mesdames et messieurs les élus, bonsoir. Je me présente : Julien Herrera, professeur de SVT au collège Allende. Je me permets de vous interpeller concernant l'avenir des jardins du collège. Comme vous le savez peut-être, au moins vous, monsieur le maire, un projet de bétonnisation est en cours pour réaliser la route d'accès à la future maison des sports. Nous n'avons rien contre la maison des sports, bien au contraire, mais nous avons proposé une solution alternative qui serait plus écologique, puis logique, et même plus économique. Cette solution permettrait de sauver le travail réalisé avec et par des centaines d'élèves depuis plus de dix ans et d'éviter l'artificialisation de près de 700 m² d'espaces verts.

Vous n'êtes pas sans savoir que le collège est situé en plein milieu du quartier, en bordure du périphérique. Ces jardins sont souvent le seul îlot de verdure que nos jeunes peuvent côtoyer, et il leur tient autant à cœur qu'à nous. Le projet tel qu'il est envisagé pour le moment nous semble en outre à rebours de l'histoire, tant la question environnementale s'invite chaque jour davantage dans notre actualité. En conséquence de quoi nous sommes venus vous demander, mes collègues et moi, si vous aviez honoré votre promesse donnée lors de la réunion de quartier, et pris rendez-vous avec les présidents du conseil départemental et de la communauté d'agglomération pour leur demander d'envisager notre alternative. Je vous remercie de m'avoir écouté. »

Marie et Yann tapèrent chacun sur une épaule de Julien quand il retrouva sa chaise les mains tremblantes. Matthieu chuchota :

« Eh mais tu sais bien parler, en fait, quand tu veux.

— C'est Toto qui m'inspire… »

Le maire fit signe à son premier adjoint : il se chargeait de répondre directement. Il posa ses avant-bras sur la table, se pencha ostensiblement vers la salle et se mit à parler de manière enjouée et particulièrement articulée. Il fallait que chacun comprenne la vérité, même celles et ceux qui semblaient ne pas en être aisément capables, à commencer par ces éternels insatisfaits rétrogrades de fonctionnaires :

« Monsieur Herrera, je vous remercie pour votre intervention. Je me souviens évidemment de ce sujet comme de tous ceux qui concernent ma commune. J'ai également une parfaite mémoire de notre dernier échange. Or, je suis désolé de vous contredire, monsieur Herrera, mais je n'ai rien "promis". Vous me connaissez assez pour savoir que mes promesses ne sont jamais en l'air et que je les tiens toujours, même les plus difficiles. »

L'opposition leva les yeux au ciel. Matthieu envisageait de s'attaquer aux canines. Roberto Mas poursuivit en ne remarquant personne à part lui-même.

« Vous savez également que, comme le président de la République lui-même, que je connais personnellement, je suis très concerné par tout ce qui a trait aux questions environnementales. Il ne vous a ainsi pas échappé que nous avons l'an dernier instauré le label "Balcon vert", afin d'inciter nos administrés à fleurir leurs logements. C'est vous dire combien cette question est prégnante pour notre majorité ! C'est pourquoi je tâcherai de me renseigner sur ce qui vous est proposé comme prévu. Prévu, mais pas promis, n'est-ce pas ? »

Roberto Mas s'écarta du micro pour que le rire qu'il accorda à son bon mot ne s'entende pas au-delà du raisonnable, mais suffise à indiquer que le débat n'avait pas lieu d'être. Néanmoins, tandis qu'il s'était tourné vers ses élus pour vérifier qu'ils riaient eux aussi, la voix de Julien se fit de nouveau entendre.

« Monsieur le maire, sauf votre respect, je vous assure que vous avez promis. Vous avez même ajouté que cela serait fait dans la semaine, puisque vous rencontriez vos homologues quelques jours plus tard. J'en ai d'ailleurs informé madame Delhuisserie ici présente, qui m'a donc encouragé à venir ce soir vous poser de nouveau la question.

— C'est donc votre parole contre la mienne, et une élue de l'opposition a choisi de plutôt vous croire, vous ? Voilà qui est très surprenant.

— Détrompez-vous, monsieur le maire, elle ne m'a pas cru sur parole : elle a été convaincue en vous entendant le dire très clairement sur l'enregistrement que j'ai pris la liberté de réaliser ce soir-là. »

Le sourire du maire se figea avant de disparaître. Paule Delhuisserie asséna le coup de grâce avant que Roberto Mas n'ait eu le temps de reprendre ses esprits ni la parole :

« Je vous le confirme, monsieur le maire. J'ai d'ailleurs l'enregistrement, ici, sur mon téléphone, et suis parfaitement encline à diffuser l'extrait en question. Vous verrez : c'est à la fois très court et très éloquent. En outre, on y reconnaît parfaitement votre timbre de voix si caractéristique. »

Le silence qui régnait désormais était seulement troublé par les perles du collier qui s'entrechoquaient nerveusement chaque fois que Christine essayait de remettre derrière son oreille la mèche qui s'était outrageusement désolidarisée de son chignon sous le coup de la surprise. Roberto Mas ne pouvait pas perdre la face. Encore moins avouer s'être trompé. Et puisqu'il ne mentait jamais, cela faisait encore une option de moins. Il ne lui restait plus qu'à jouer sa partition favorite : celle du grand prince.

« Écoutez : je pense que nous avons tous autre chose à faire. Vous me ferez écouter cela à l'issue du conseil, madame Delhuisserie, et si ma mémoire n'avait pas été exemplaire, je saurai le reconnaître. Mais nul besoin de cela : je m'engage ici devant vous et l'ensemble des administrés qui suivent nos échanges en direct sur Internet à contacter dès demain mes homologues pour faire le point sur l'avancement du projet et vous faire parvenir une réponse quant à l'alternative que vous proposez sous huitaine, monsieur Herrera. Cela vous convient-il ?

— Tout à fait, monsieur le maire. Merci, monsieur le maire. »

Matthieu ne chuchota pas :

« T'as vu sa gueule quand t'as parlé de l'enregistrement ? J'en étais à vouloir lui péter les dents, et tu les as fait disparaître en une phrase ! Chapeau l'ami.

— On avait prévu notre coup avec Delhuisserie. Maintenant, il s'est engagé devant tout le monde, et pas dans une petite réunion de quartier : là, y a un compte rendu officiel, la vidéo sur le site de la mairie, donc il ne pourra pas nier. Ça veut dire qu'on peut aller un cran au-dessus.

— Et c’est quoi, le cran au-dessus ?

— Le département. On va avoir une tribune en or avec le concours des “100 projets pour la planète” dans quinze jours. Les élèves du club nature sont au taquet. Ça va chier. »

Emma

Le silence bruyant du couloir relayait les exhortations au calme d'Agnès en provenance du CDI, tandis que les remontrances de Sabrina résonnaient depuis la salle de perm et que le lointain écho des vaines justifications de renvoi rebondissait de mur en mur depuis la vie scolaire. Le regard de Matthieu se heurta à la poubelle maculée d'oranges improbables, dont on devinait qu'ils avaient été sans succès brossés par les agents d'entretien. Il leva les yeux machinalement et en découvrit la provenance : un tuyau d'arrivée d'eau rongé par la rouille. Celle-ci avait fini par colmater le trou qui l'avait fait naître en une stalactite de désespoir goguenard. Le collège n'en finissait pas de se dévorer lui-même et de trouver seul, dans le même temps, les solutions d'urgence à ses problèmes systémiques. C'était presque beau ; Matthieu trouva cela triste à en pleurer.

Il parvint finalement à la salle de médiation. Fermée. Il posa son sac contre le chambranle. Des miettes de peintures dépassées voletèrent jusqu'au sol. Il trouva ses clefs et s'aida de l'épaule pour ouvrir la porte. Il alluma les néons d'une main, puis alla s'asseoir sur le canapé le plus proche en laissant ouvert : les parents d'Emma trouveraient le chemin plus facilement, même s'il ne doutait pas que les explications de Camille pour rejoindre l'endroit auraient été précises. C'était elle qui avait fixé le rendez-vous, mais elle n'y assisterait pas. C'était à lui que l'élève s'était confiée : il fallait qu'il soit seul pour s'assurer que la parole puisse pleinement se libérer. Une fois la confiance établie, il serait temps d'aviser. Pas avant.

Matthieu ouvrit son sac à dos. Au milieu du maelström de photocopies, de marqueurs mal rebouchés et de paquets de mouchoirs plus ou moins vides se trouvait ce qu'il cherchait : le Livre Moi d'Emma. Depuis plusieurs années, il donnait le même travail dans le prolongement de son chapitre consacré à l'autobiographie : réaliser un travail d'écriture sur soi, divisé en trois catégories : passé, présent et futur. Les élèves devaient entre autres rédiger la première page de leur autobiographie, réaliser leur portrait chinois, raconter une semaine de leur vie en empruntant les codes du journal intime, décrire le métier de leurs rêves ou encore interviewer un proche. Quatre mois pour rendre le travail ; Emma s'était exécutée en huit semaines à peine. Matthieu était donc parti en vacances avec son écrit sous le bras, sans obligation aucune de s'atteler à sa lecture dans l'immédiat. Pourtant, sans qu'il sache pourquoi, il y avait pensé la veille entre deux cours et s'était mis à le parcourir nonchalamment. Bientôt, il avait compris que quelque chose n'allait pas. L'écriture de l'élève, traditionnellement appliquée et consciencieuse, était nerveuse, erratique et régulièrement confuse. Matthieu s'était demandé ce que cela pouvait signifier ; la réponse était tombée au détour de la deuxième page : « J'ai peur que les gens sachent qui je suis réellement comme j'ai peur d'écrire ce livre. De toute façon, on ne peut faire confiance à personne vraiment. Et personne ne peut nous comprendre vraiment. J'ai souvent pensé à me suicider. Peut-être que quand vous lirez ce chapitre, je serai morte. En tout cas, c'était cool de faire cours avec vous. » Matthieu avait bondi de sa chaise et allumé Pronote : Emma était bien présente en cours. Il avait longuement soufflé son soulagement avant de prendre la direction de la vie scolaire. Là, Camille l'avait rassuré : l'écrit remontait à deux mois maintenant, et l'élève était toujours là. Il fallait prendre rendez-vous avec elle et ses parents, bien sûr, mais celui-ci pourrait attendre le lendemain. Elle les appellerait et le tiendrait au courant. La confirmation de l'entretien était arrivée dans la journée.

Avant cette année, Matthieu n'avait jamais eu Emma en cours. Marie avait été sa professeure en quatrième, et lui avait alors assuré qu'elle était incroyable. Depuis septembre, Matthieu avait eu d'innombrables occasions de mesurer combien sa collègue avait eu raison. Lorsqu'Emma prenait la parole en classe, elle savait toujours faire un pas de côté par rapport aux opinions convenues. Il émanait d'elle un mélange de pudeur et de courage considérable. Matthieu s'était à plusieurs reprises surpris à penser qu'il aurait aimé avoir été comme elle à son âge – décomplexée mais jamais outrancière, affirmée sans être écrasante, d'une force telle qu'elle n'avait jamais besoin de s'en prendre aux faiblesses des autres.

Il avait entendu parler d'elle pour la première fois alors qu'elle était en cinquième. Cette année-là, un débat sur les tenues des collégiennes avait fait rage et divisé l'ensemble de l'établissement, des élèves à la direction en passant par les enseignants. Nombre d'adultes avaient en effet multiplié les rappels au règlement intérieur. Tel décolleté était jugé trop plongeant, telle jupe trop courte, et quand il s'était agi d'évoquer les crop tops, on aurait presque pu entendre Agnès et Liliane s'exclamer en chœur : « Cachez ce nombril que je ne saurais voir ! »

À la surprise générale, c'était Emma à elle seule, ou presque, qui avait permis de trouver une issue. Du haut de ses douze ans, elle avait rédigé un texte poignant, dans lequel elle appelait les adultes à ne pas les sexualiser, elle et ses copines, rappelant à la communauté éducative qu'elles n'étaient que des enfants, que le problème ne venait nullement de leurs vêtements ni de leurs corps, mais des regards qui étaient portés dessus par les autres, à commencer par les hommes, quel que soit leur âge. Elle en avait fait une pétition qui avait réuni les signatures des trois quarts des élèves.

Les adultes, sidérés, s'étaient instantanément retrouvés à revoir leur position et leurs propres manquements en la matière. Depuis, le débat n'avait jamais été rouvert.

L'arrivée des parents interrompit Matthieu dans ses pensées. Il n'eut pas le temps d'esquisser un lever : la mère lui intima de n'en rien faire. Elle se jeta aussitôt sur le canapé et prit la parole sans attendre que son conjoint n'ait fermé la porte, encore moins enlevé son manteau. Elle avait gardé le sien, de toute façon.

La mère s'était lancée dans une logorrhée sans fin qui lui permettait d'occuper l'espace. De se rassurer. La lecture du Livre Moi avait préparé Matthieu à ce genre de comportement ; il ne s'en émut pas et patienta en regardant régulièrement le père. Emma avait écrit que celui-ci avait eu des phases dépressives et que sa mère insistait régulièrement sur le fait que sa fille devait arrêter de l'inquiéter si elle voulait qu'il aille mieux. De fait, il semblait très atteint par la situation. L'heure tournait, Emma n'allait pas tarder à arriver et Matthieu n'avait toujours pas pu prendre la parole ; il interrompit donc la mère :

« Votre fille s'inquiète beaucoup pour vous. Elle a écrit qu'elle s'en voulait à l'idée que vous puissiez être tristes en apprenant qu'elle n'allait pas bien. Et donc…

— C'est normal qu'on s'inquiète ! On n'arrête pas de lui répéter qu'elle peut tout nous dire, et nous parler. Vous savez, on est très à l'écoute, on parle de tout avec Emma, elle sait qu'elle va être comprise à la maison. On la laisse nous dire ce qu'elle veut, et même vivre sa vie personnelle d'adolescente à sa manière.

— Oui. Elle a parlé de l'été dernier et...

— Oui, exactement, l'été dernier, elle avait une copine, nous, on n'était pas contre, on a même changé nos vacances pour elle, on est partis avec son amoureuse, et elle est restée quinze jours avec nous. Je lui ai dit : "Emma, tu sais, c'est pas un problème si tu veux essayer d'être avec une fille, tu peux faire tes expériences, tu vois, on est ouverts." Et elle a vu qu'on tenait parole. C'est compliqué, les nouvelles générations, avec les binaires, les non-binaires, et tout le reste, mais nous, on est ouverts, on ne juge pas, et elle le sait bien. D'ailleurs, elle vous le dira, vous verrez. »

La mère continuait de parler. Matthieu croisa le regard du père et comprit qu'il devait penser à peu près comme lui : sa femme s'inquiétait indiscutablement pour Emma, mais elle allait avoir du mal à entendre qu'elle ne pouvait pas tout résoudre toute seule, et encore moins que sa fille avait davantage besoin d'être écoutée. Matthieu savait qu'Emma n'allait pas tarder à les rejoindre ; il osa de nouveau couper la parole à sa mère. Cette fois pour s'adresser au père :

« Votre épouse disait tout à l'heure que vous étiez surpris qu'Emma n'aille pas mieux en ce moment.

— Oui, parce qu'on pensait que c'était derrière elle, tout ça : le mal-être, les idées noires, la perte de repères… Vous savez, moi, je viens d'une famille où ça ne parlait pas du tout, et où on n'avait pas le droit d'aller mal, et encore moins de mettre des mots sur ça. Le jour où je suis devenu père, je me suis juré de faire l'inverse. C'est pour ça que je parle énormément avec Emma, et de plein de sujets. Plus ça va, plus je l'admire, parce que je m'amuse à la provoquer avec des fake news ou des théories complotistes, et elle a une capacité à répondre, argumenter et développer incroyable. Je suis vraiment fier d'elle, mais je ne sais pas ce qu'on peut faire de plus pour l'aider… »

La porte s'ouvrit sur Emma et le père s'interrompit aussitôt. Elle semblait un peu gênée ; Matthieu lui devina pourtant un sourire sincère derrière le masque qu'elle savait se composer. Malgré ce qu'elle lui avait donné à voir lors de l'annonce du rendez-vous le matin même, elle paraissait soulagée.

La discussion reprit à peu près de la même manière qu'elle avait commencé : Matthieu expliqua en deux phrases ce qui les réunissait tous, la mère attrapa dès que possible la parole pour ne plus la lâcher. Son mari essaya en vain de parler, tout comme Emma, y compris quand c'était à elle que Matthieu s'adressait. Il attendit un peu et capta les regards de la fille et de son père de manière de plus en plus régulière. Bientôt, la mère s'en rendit compte et leur redonna la parole, visiblement curieuse de savoir ce que leurs silences convenus dissimulaient. Matthieu s'engouffra dans la brèche :

« Emma, on a discuté avec tes parents, et ils m'ont dit que c'était bien que tu parles, et que c'était important que tu le dises si ça n'allait pas. On s'est aussi dit que c'était à nous, les adultes, de nous inquiéter pour toi, et pas l'inverse, parce que c'est normal. Ton papa est content qu'on puisse en parler, et il préfère ça plutôt que tu gardes ce genre de choses pour toi.

— Oui, ma chérie : tu ne dois jamais hésiter à nous dire si ça ne va pas, à ta mère et moi. On est là pour toi, et on est forts, et tu ne vas pas nous faire de mal si tu nous dis ce qui te rend triste. Au contraire ! »

Emma avait les yeux embués, son père aussi. La mère se mit à pleurer bruyamment. Sa fille et son mari la rassurèrent chacun d'une caresse sur le genou, et échangèrent un regard complice. Son père était moins fragile qu'on ne le lui avait dit, elle hésiterait moins à se confier à lui, il était rassuré de le savoir. L'échange se poursuivit ensuite de manière bien plus sereine, les adultes abordèrent les modalités concrètes qui permettraient à Emma d'aller mieux sur le long terme – prise en charge psychologique, tutorat au collège. Pour la première fois depuis qu'il avait découvert les écrits de son élève, Matthieu était un peu apaisé. Le chemin serait encore long avant qu'il ne cesse de s'inquiéter pour elle. Mais l'équilibre semblait avoir suffisamment changé pour qu'il s'autorise à espérer qu'Emma retrouve une partie du sien.

Prof

Quand Matthieu passa devant les jardins et ses arbres fruitiers qui reprenaient vie peu à peu pour rejoindre sa voiture, il tomba sur Julien, occupé à bondir sur un outil improbable.

« Ça va ? » demanda-t-il à son ami.

L'acrobate s'interrompit.

« Comme tu vois : en pleine grelinette.

— Grenilette ?

— GreLInette. Ce truc-là, pour retourner la terre.

— Ah, OK. La grosse fourchette, quoi.

— Mouais... Une fourchette avec cinq dents... deux manches... et sur laquelle tu peux sauter à pieds joints. Mais une fourchette si tu veux.

— Je note : grelinette. Allez, faut que je file si je ne veux pas être en retard au rectorat.

— Tu retournes encore là-bas ? Ils vont finir par te recruter, si ça continue. C'est pour quoi cette fois ?

— Voir la responsable RH. Je ne sais même pas trop pourquoi, en fait. Mais bon : on verra bien. »

Julien retourna à sa grosse fourchette, tandis que Matthieu remontait l'allée qui menait à la grille. Une fois le badge présenté, elle ouvrit ses grincements sur le parking extérieur que le collège partageait avec le gymnase voisin et, bientôt, avec la maison des sports dont Matthieu devinait le chantier à quelques encablures. Il n'eut pas à déverrouiller sa Clio hors d'âge quand il arriva à sa hauteur : il y avait bien longtemps que la serrure ne fonctionnait plus. De toute façon, il n'y avait rien d'autre à voler dans l'habitacle que des emballages de sandwichs triangle, un cendrier bien trop plein et des polycopiés foulés de boue et d'oublis. Il fit couiner la porte et la retint le temps de jeter son sac à dos côté passager. Il s'assit pesamment au volant, claqua la portière et mit le contact. Pas besoin de GPS : il connaissait le chemin.

De nouveau, le palais académique l'accueillit sous un ciel dégagé du moindre nuage. Le jardin était rutilant et, désormais, les bourgeons printaniers babillaient au gré des lumières complices dont le soleil les gratifiait tendrement. Cette nature-là avait la sérénité de ceux qui savent qu'ils ne seront jamais menacés.

Matthieu était convenu d'un rendez-vous avec Mme Corbellier, « référente RH pour la mobilité des personnels enseignants ». Après avoir longuement hésité, il avait finalement décidé de l'appeler. Il était arrivé à la croisée des chemins. Son activité complémentaire stagnait, faute de temps – son poste au collège l'accaparait bien au-delà de ses 61 % d'activité théoriques. Entre les deux, il avait eu des nouvelles d'une ancienne collègue qui avait récemment démissionné. Beaucoup de choses se jouaient en mars, selon elle, il avait tout intérêt à se renseigner maintenant s'il envisageait de quitter la profession, ou au moins de prendre une ou plusieurs années de disponibilité. Matthieu n'était pas encore au bout du rouleau, mais il le voyait pour la première fois de sa carrière se dessiner au loin. Stressé, pétri de doutes et débordé, il avait décroché son téléphone à tout hasard. On lui avait trouvé un créneau dix jours plus tard.

Mme Corbellier l'invita à s'asseoir avec un grand sourire et sut dès les premières secondes le mettre à l'aise. Matthieu lui expliqua qu'il avait été au plus mal quelques années auparavant du fait des conditions de travail dégradées et du sentiment de mépris de l'institution ; elle lâcha dans un soupir :

« Forcément, quand on fait tout pour dégoûter les gens du boulot, faut pas s'étonner après qu'ils veuillent partir… »

Matthieu pouvait lui parler franchement.

« J'ai lancé suite à tout ça ma micro-entreprise en juin dernier. De la relecture de manuscrits, de la correction pour des maisons d'édition, ce genre de choses. Pour voir ce que ça donnerait. J'ai demandé une autorisation de cumul d'activités qui m'a été accordée. J'ai donc réduit mon temps de travail à 61 %, pour coller exactement au nombre d'heures qui restaient à faire en français dans mon établissement. Ça a plutôt bien démarré, j'ai eu des clients assez vite, et les premiers retours étaient bons. Je pensais pouvoir poursuivre un moment comme ça, le temps de voir si une reconversion était financièrement envisageable. Mais ce n'est pas possible.

— Pourquoi ? Un temps partiel dans un établissement où vous semblez avoir vos marques, le reste pour votre nouvelle activité, cela semble un équilibre raisonnable, non ?

— Sur le papier, oui, vous avez raison. Et c'est ce que je me disais encore il y a deux mois. Mais on me pousse vers la sortie dans mon collège. Les prévisions de DHG ne me garantissent pas plus de quelques heures à la rentrée prochaine, voire une suppression pure et simple de l'ensemble de mon service. Je risque donc de me retrouver envoyé ailleurs, sans droit à faire valoir puisque j'ai utilisé tous mes points en arrivant ici et que je n'en ai pas cumulé suffisamment depuis. Je ne suis pas marié. Je n'ai pas d'enfants. Vous savez comme moi que je finirai nécessairement loin. Loin de la maison achetée justement pour travailler dans ce collège, loin de mes amis, de ma vie d'aujourd'hui. J'ai été sur la route pendant plus de dix ans avant d'arriver ici, enfin, à Allende. Je ne me sens absolument pas l'énergie de recommencer. »

Matthieu s'arrêta de parler. Il aurait pu continuer. Repartir sur la route, à quarante berges, devoir renouer avec d'autres façons de faire, des codes de photocopieuses aux rituels des selfs, courir, comme plus jeune, bien plus vieux, sans savoir après quoi. Et dans un an, ou deux, ou cinq, apprendre d'un message laconique que son poste était définitivement supprimé, s'atteler à l'arithmétique pâteuse des barèmes de mutation, sûrement attraper un poste fixe à l'autre bout du département, ou accepter d'endosser à nouveau la casquette de remplaçant, moins loin de sa base en théorie, mais déjà sur des routes changeantes, compliquées et gangrenées de frustrations toujours renouvelées. Ce n'était pas une option. Ça ne l'était plus.

Mme Corbellier hocha la tête en signe d'assentiment.

« Dans votre situation, une demande de disponibilité pourrait être préférable. Parce que sous réserve que cela soit accepté, vous pourriez expérimenter votre activité nouvelle à temps plein ; et si vous décidiez de revenir dans le professorat, ce que vous auriez gagné en tant qu'indépendant serait pris en compte dans votre avancement. Ce n'est pas rien. »

Matthieu l'ignorait complètement. Tandis qu'il réfléchissait aux implications concrètes de ce qui venait de lui être expliqué, Mme Corbellier poursuivit avec la seconde option : la rupture conventionnelle.

« Là, c'est beaucoup plus violent.

— Violent ?

— Oui, violent. Parce que le jour où la rupture conventionnelle est actée, vous ne faites plus partie de la fonction publique d'État, et vous n'avez plus le droit d'y postuler pendant six ans. Vous perdez aussi le bénéfice de votre concours. Si jamais vous décidiez de revenir avant six ans, il faudrait le repasser, et rembourser en plus l'intégralité de l'indemnité qui aurait pu vous être versée. Dans tous les cas, vous repartiriez de zéro. Comme si vos vingt dernières années n'avaient jamais existé ; enfin, si : il vous restera toujours votre expérience et vos compétences, et ça, personne ne pourra vous les enlever. Mais aux yeux de l'État, ce sera comme si vous n'aviez rien fait avant. »

Cela, Matthieu le savait déjà ; mais l'entendre à voix haute lui procura un vertige. Des années et des années de labeur permanent, d'investissement, de remises en question, de gestions quotidiennes de tout et de rien, de cours, de copies, de conflits, de bulletins, de réunions, de mails, de Pronote, de sorties... Après une pause, rien de tout cela n'existerait plus aux yeux de l'institution. Comme si un artisan choisissait après deux décennies passées dans une entreprise de monter la sienne, puis se ravisait quelques années plus tard après avoir fait faillite, et qu'on le reprenait à son salaire d'apprenti. C'était aberrant, c'était d'un mépris sans nom et d'une inhumanité crasse. C'était l'Éducation nationale. Mme Corbellier reprit en fouillant dans ses notes.

« Écoutez, vu tout ce que vous me dites... Attendez, je ressors les critères. Voilà. Bon. Le premier motif de refus d'une demande de rupture conventionnelle, ce serait le manque de professeurs sur votre zone. Mais on sait que ce n'est pas le fin fond de la campagne, vu que vous exercez dans la périphérie d'une grande ville, donc que ce ne devrait pas être un problème. L'autre chose, c'est le sérieux de votre projet de reconversion. Le vôtre coche toutes les cases, il est inattaquable. Le dernier point, c'est la prime à vous verser. Mais comme vous avez été à 80 % pendant les huit premiers mois de l'année passée, puis à 61 % les quatre derniers, et sachant que vous êtes à moins de vingt ans d'ancienneté et donc pas dans la dernière tranche, vous ne leur coûterez pas trop cher. Partant de là, je vois mal comment ils pourraient refuser. »

Matthieu salua la bonne nouvelle, tout en mesurant les implications cyniques des critères évoqués. Il choisit pour le moment de les balayer d'un revers de cil. Il n'était pas là pour cela. Il ne l'était plus, même, peut-être, déjà. Il finit par lui demander ce qu'elle lui conseillait.

« Si j'étais vous, je ferais une lettre dès cette semaine, parce que la commission pour l'examen de ces demandes se réunit le mois prochain, et il n'y en a qu'une par an. C'est une expérimentation cette année – le fait de tout examiner en même temps. Si ça se trouve, ça changera avec le prochain gouvernement. Ou pas. Mais en attendant, c'est le cas maintenant, donc foncez ! Ensuite, ils ont un mois pour vous recevoir, et même après, si vous l'obtenez, que vous acceptez de signer et que vous avez des remords, il vous reste un délai de rétractation de quinze jours. Et là, il sera toujours temps de demander une dispo. »

Matthieu arriva chez lui confus. Il était l'heure de déjeuner, et il avait encore bien des choses à faire avant de repartir en cours. Il choisit pourtant d'attraper son ordinateur et rédigea sa demande de rupture conventionnelle d'un ton ferme, avec des tournures déterminées. Matthieu était au théâtre et s'appliquait à jouer un rôle qui paraissait avoir été écrit pour lui, sans lui. Il s'empressa d'aller poster son courrier, de peur de voir ses doutes le rattraper. Cela ne l'engageait à rien, concrètement. Mais cela représentait une étape supplémentaire. En quelques semaines, il avait été reçu par l'infirmière du rectorat après avoir évoqué pour la première fois une potentielle démission, puis la responsable des ressources humaines pour étayer le tout, et il s'apprêtait à formaliser sa démarche officiellement. Il ne comprenait pas vraiment comment il en était là, déjà, si vite. Il arrêta son geste, l'enveloppe resta un instant suspendue au-dessus de la fente ; puis Matthieu se contenta d'ouvrir les doigts, et la lettre disparut dans un frottement.

Tandis qu'il retournait chez lui, il se surprit à se sentir soulagé. Rien n'était fait. Mais ce geste, cette demande envoyée représentait bien plus que ce qu'elle était en réalité. Elle contenait en germe la fin d'une chose à laquelle Matthieu avait cru, croyait et croirait sûrement encore longtemps, pour ne pas dire toujours : la vocation de professeur. Celle qui faisait se lever chaque matin pour aider des élèves, qui ne comprenaient souvent pas bien ce qu'ils faisaient là, à mesurer et accroître leur propre préhension de la liberté. Celle qui amenait à croire en chacun d'elles et eux, à leur potentiel, à leur importance, et à tâcher de les en convaincre eux-mêmes. Celle qui habite, tourmente, fait vibrer, euphorise, anime. Celle, enfin, qui les conduisait, ses collègues et lui, à supporter toujours plus pour toujours moins, mus par la seule idée qu'ils faisaient œuvre collective, belle et utile. Celle qu'il venait de déclarer vouloir quitter, en somme, en sachant qu'il ne l'abandonnerait jamais vraiment. Prof. Quatre lettres seulement. À peine un mot. Mais quel mot.

Exotique

Depuis la fois où Matthieu avait eu à consoler Aliou, les choses avaient semblé se tasser. Du moins au sein de l'établissement. Dans son foyer, le garçon subissait encore des brimades à répétition – au moins autant que celles qu'il avait à essuyer quotidiennement au sein de l'espace public. Pourtant, il ne se décourageait pas : il allait tantôt vers Marie, tantôt vers Matthieu pour leur demander des lectures, des exercices ou des conseils pour progresser dans sa maîtrise du français. Il avançait vite. Pas assez. Impossible de suivre correctement un cours de technologie sur la programmation ou une heure d'histoire consacrée à la révolution industrielle. Son professeur principal lui avait donc proposé de partir en stage dans un domaine qui lui conviendrait. La mécanique auto avait sa préférence : il avait toujours vu son père et son oncle réparer les choses. Marie avait finalement dégoté une semaine de découverte du métier dans un garage situé à cinq minutes de sa résidence. Elle l'avait fait sur son temps libre, depuis chez elle, avec son téléphone personnel, en cherchant sur l'ordinateur familial les endroits susceptibles de l'accueillir avant de passer des coups de fil à n'en plus finir, jusqu'à tomber sur une personne qui accepterait de recruter un enfant de quinze ans parlant mal le français, sans expérience, qui avait juste pour lui de promettre qu'il travaillerait bien. Le propriétaire qui avait accepté du bout des lèvres d'accueillir Aliou n'avait pas manqué de souligner qu'il le faisait surtout pour rendre service : il était un ami de Liliane. C'était dans son entreprise que Matthieu se rendait, pour voir comment les choses se passaient deux jours après l'arrivée de l'élève. Celui-ci ignorait combien Matthieu les admirait, lui, son courage, ses envies et sa force. Et combien il méritait plus, et mieux. Il faudrait que son professeur pense à le lui dire.

Le maître de stage était aussi le propriétaire du lieu, à la fois garage et concession automobile : le salon d'exposition aux SUV étincelants accueillait le public, tandis que, derrière, une équipe de bleus de travail s'occupait de prendre soin des engins qu'on lui confiait. Quand Aliou vit Matthieu, son visage s'éclaira. Il attendit l'autorisation du propriétaire pour se relever de la jante sur laquelle il s'affairait.

« Bonjour, monsieur.

— Alors, ça se passe bien ? Tu es content ?

— Ça se passe très bien, oui. Je suis très content. »

Le maître de stage tapa sur l'épaule d'Aliou en regardant le professeur d'un air satisfait.

« Oui, je vous confirme, ça se passe très bien. Il est courageux. Ça nous change des autres stagiaires de troisième ! Lui, on voit bien qu'il a pas peur de mettre les mains dans le cambouis. Il compte pas ses heures, il fait tout ce qu'on lui demande, il râle jamais. C'est un gars sérieux, Ali.

— Tant mieux. Par contre, il s'appelle Aliou.

— Oui, oui, je sais. Mais on l'appelle Ali, comme le prince. Et le boxeur. Les gars ont trouvé ça le premier jour, et ils lui ont demandé si ça le dérangeait, et non. Donc c'est Ali. Hein Ali ?

— Oui, monsieur.

— Tu as bien tout compris de tout ce que je disais à ton professeur ? Tu fais du bon travail, Ali.

— Merci », répondit le jeune homme dans un murmure.

Matthieu continuait de regarder Aliou en souriant. Il aurait eu envie de réagir autrement. La façon dont le patron regardait son élève, cette histoire de surnom, l'espèce de condescendance forcée dès qu'il s'adressait à lui... Matthieu se retint pourtant de dire quoi que ce soit : il serait reparti dans quelques minutes, Aliou resterait jusqu'à la fin de la semaine tout seul ici. Comment savoir si ce garage ne finirait pas par lui proposer un apprentissage ? Matthieu ne pouvait pas se permettre de risquer quoi que ce soit. Pas tout de suite, du moins.

Le propriétaire lui fit signe de le suivre jusqu'à son bureau, côté concession. Matthieu salua Aliou, qui s'était déjà remis au travail, et sortit de l'atelier. Le patron referma la porte et s'assit en face de lui. Il avait un costume parfaitement assorti à son double menton.

« Je vais vous dire, vous verrez, moi, je suis honnête, je dis toujours ce que je pense, eh bah j'y croyais pas à Ali quand votre collègue m'avait appelé.

— Pourquoi ça ?

— Bah désolé de vous dire ça, mais votre collège, niveau réputation, quand même... Enfin vous voyez, quoi !

— Non, je ne vois pas.

— Bah si, quand même ! Tout le monde sait que c'est au milieu du quartier, avec tous les gens qui arrivent de partout tout le temps, tout ça.

— De partout ?

— Nan mais attendez, je vous critique pas vous, hein ! Vous, vous y êtes pour rien, et je me doute que vous faites ce que vous pouvez. Je sais bien, j'en ai déjà causé avec votre cheffe. C'est une amie à moi. Elle fait tout ce qu'elle peut, Liliane. En attendant, vous devez quand même accueillir des gamins compliqués, non ?

— Pas plus qu'ailleurs, non.

— Ah non ?

— Non.

— Bon. Bref. Ce que je veux dire, c'est que j'étais pas sûr. Heureusement que votre collègue a insisté. Et puis, c'est ma femme qu'a fini par me convaincre quand elle a su d'où il venait. Elle m'a dit : "Jean-Louis, il faut aider ces gens-là même s'ils parlent pas bien français. Ça les aide à s'intégrer. Et puis ils sont reconnaissants." Eh bah elle avait raison, ma femme, et pas qu'un peu ! C'est autre chose que les gosses de bobos du centre-ville, Ali. Ça bosse, ça moufte pas, ça obéit, et ça en redemande. Toujours à l'heure, en plus. Et toujours propre. Nan, vraiment, rien à redire. »

Matthieu se sentait piégé par la tournure qu'avait prise la conversation. Le pire était que celui qui lui faisait face avait l'impression de tresser une couronne de lauriers à Aliou. Il faudrait sûrement en parler avec Liliane pour avoir son avis. Le professeur se ressaisit : il était là pour tisser des perspectives pour l'élève. Il prit donc sur lui de poser une dernière question au lieu de s'enfuir en courant comme il en mourait d'envie depuis la première seconde de l'entretien.

« C'est évidemment un peu tôt pour demander, mais… Si vous étiez toujours content du travail d'Aliou à la fin de la semaine, est-ce qu'il pourrait envisager un autre stage ici, voire un apprentissage ?

— Une autre semaine de stage, aucun problème ! Même deux, trois ou quatre si vous voulez ! Par contre, l'apprentissage, je préfère vous dire non tout de suite pour pas lui faire de faux espoirs.

— Vous ne prenez pas d'apprentis ?

— Si, si, c'est pas ça. Mais déjà, un apprenti, ça se paye, alors qu'un stagiaire, non. Ça fait réfléchir, forcément, surtout avec tout qu'augmente en ce moment. Les charges ! Vous vous rendez pas compte, vous, les fonctionnaires, mais les charges ! Et pis quelqu'un comme Ali, vous comprenez, rapport à notre clientèle… Une semaine ou deux par-ci par-là, ça fait du changement, c'est exotique, mais deux ans…

— Exotique ?

— Ouais, enfin, vous voyez, quoi.

— Non, je ne vois pas, non. Et puis, quel est le rapport avec vos clients ?

— Bah il travaille bien, hein ; mais déjà, il parle pas très bien français, alors ça fait pas très sérieux.

— Oui, mais il progresse très vite.

— Oui, oui, j'imagine bien. Mais il restera toujours l'accent. Et nos clients, l'accent... Moi, ça me dérange pas, hein ! Mais bon, les affaires sont les affaires, et le client est roi ! » s'esclaffa-t-il.

Matthieu ne rit pas avec le patron. Il ne sourit pas davantage. Il se contenta de se forcer à le remercier en se levant, de ne pas saisir la main qui lui était tendue et de rejoindre sa voiture. Il avait envie de vomir, sans bien comprendre si cela venait des propos du patron ou de sa propre lâcheté dont il venait de constater l'abyssale étendue.

Héraclès au barbecue

Marie avait choisi de profiter de la présence de Matthieu pendant son cours de sixième pour offrir à certains élèves une séance de remédiation consacrée à la lecture. En temps normal, les effectifs étaient tels que l'individualisation de ce genre de pratiques était quasiment impossible. La co-intervention laissait une marge de manœuvre confortable : tandis que la professeure travaillait avec la majorité de la classe, son collègue pouvait œuvrer à l'écart avec quelques élèves sur une thématique particulière. Lecture, donc. Et un groupe uniquement composé de deux sixièmes, un luxe qu'ils pouvaient s'offrir grâce au label « éducation prioritaire ». Matthieu goûtait le privilège qui lui permettait d'aider les sixièmes individuellement, en prenant le temps de les écouter et d'accompagner leurs envies. Il s'installa au fond de la salle avec Bryan et Yacoub. Au programme : un court extrait de l'*Odyssée*. Selon Marie, les deux compères n'avaient pas saisi les enjeux du texte, voire son sens de manière générale. Rapidement, Matthieu sentit que ce ne serait pas une promenade de santé.

« En fait, m'sieur, j'ai rien compris… se plaignit Yacoub.

— Ouais, on comprend rien quand c'est nous qu'on lit, renchérit Bryan. Vous pouvez lire, m'sieur, siouplaît ?

— OK. Je commence, et vous prendrez la suite. "Héraclès avait quitté Mycènes à l'aube en prévision du long voyage qui l'attendait. Parti comme un voleur et sans saluer personne par crainte de se laisser submerger par l'émotion…"

— Vous allez trop vite. Il faut lire comme ça : "Héraclès avait quitté… Mycènes…"

— Tu ne vas pas m'expliquer comment lire, Yacoub ? Ou alors si, tiens : lis, et je vais prendre exemple.

— Héraclès… avait… quitté… Mycénés…

— Mycènes.

— Mycènes… Myskènes… Myxènes…

— Mixeur !

— … à l'aube en prévision du long voyage qui l'attendait. Parti comme un voleur… et sans saluer… Enfin bref. En fait, vous pouvez lire ? Parce que désolé, mais…

— Il sait pas lire, pouffa Bryan.

— Ouais, c'est ça. »

Matthieu prit un moment pour observer les deux élèves qui lui faisaient face. Aucune volonté de mal faire chez eux – pas même le début de l'idée que c'était effectivement le cas – mais ils se déconcentraient et se décourageaient à une vitesse folle. Ils s'escrimaient depuis plusieurs minutes désormais et n'étaient pas arrivés au terme de la première phrase. Matthieu reprit la main pour tenter de poursuivre.

« "Héraclès avait quitté Mycènes à l'aube en prévision du long voyage qui l'attendait. Parti comme un voleur et sans saluer personne par crainte de se laisser submerger par l'émotion, il marchait depuis plusieurs heures et le soleil était haut dans le ciel." Qu'est-ce que tu n'as pas compris là-dedans, Yacoub ? Il marchait depuis plusieurs heures et le soleil était…

— Ah, vous avez déjà tout lu, là ?

— … "haut dans le ciel". Qu'est-ce que tu n'as pas compris dans…

— Bah il marche pendant des heures, et le soleil, il était haut dans le ciel.

— Ouais… Donc tu comprends ce que ça veut dire ? »

L'élève marmonna une approbation.

« Tu m'avais dit que tu n'avais rien compris, tout à l'heure ; tu vois que si : tu as compris des choses.

— Ouais, t'à l'heure on était bêtes, là on est intelligents.

— D'accord. Plus intelligents qu'il y a deux minutes, alors ?

— C'est ça. Plus concentrés. Entre *gay-mets*.

— Entre *gamers* ! intervint Bryan.

— Nos blagues, ils sont nuls mais ils sont marrants. En fait, même quand ils sont bien, ils sont pas marrants.

— C'est bon, je peux vous lire la suite ? »

Marie regarda Matthieu du coin de l'œil entre deux explications à son groupe. Il lui répondit d'un haussement de sourcils dépité. Elle lui renvoya une moue désolée qui semblait résumer à elle seule sa compassion et sa gratitude : elle l'avait envoyé en plein bourbier ; en attendant, elle pouvait avancer avec les autres. Matthieu retourna vers Bryan et Yacoub. Il s'apprêtait à reprendre sa lecture quand ce dernier eut une fulgurance qui ne semblait pas davantage pouvoir attendre que les précédentes :

« Attendez, j'peux dire un truc, juste un truc ? Une fois, on a fait un barbecue, les grands, ils ont pris le barbecue, déjà ils mangent devant nous, c'est pas bien, ils nous ont juste passé un bout d'pain chacun avec la sauce, sans viande, sans rien. Après, quand ils ont fini le barbecue et tout, ils nous ont dit de ramasser alors qu'on avait rien fait. Donc on ramasse et tout, tranquillement. Y a quelqu'un qui ramène une pizza, j'prends une part. J'graille. Après ça, juste, je sais pas pourquoi, y a des gens, ils nous coursent. Et tous les deux, on part dans une forêt, on est restés deux heures là-bas.

— Ouais ! On est restés deux heures dans une forêt.

— D'façon, Bryan, à ce moment-là, ça faisait peur, hein ?

— Oui ! On passait à côté, on voyait les autres, y s'faisaient taper.

— On les regardait comme ça, on voyait… Patates dans l'ventre… Bam, bam, bam !

— Y z'étaient comme ça : bam, bam, bam ! »

Matthieu profita d'une pause dans le récit de Bryan pour reprendre la main, tout en se questionnant sur la véracité de ce qu'il venait d'entendre. Dans le doute, il en parlerait à Camille plus tard.

« Je peux lire la suite, c'est bon ?

— Oui ! répondirent les deux élèves en chœur.

— "Il faisait une chaleur insensée, hommes et bêtes restaient tapis dans l'ombre, guettant le moindre souffle d'air dans cette atmosphère irrespirable." Est-ce que tu peux faire moins de bruit avec ton chewing-gum, Bryan ? Parce que là, j'arrive même pas à m'entendre lire.

— C'est pas un chewing-gum, c'est ma feuille. »

Matthieu se recula dans sa chaise, tandis que Yacoub éclatait de rire et que Bryan continuait de mâchouiller. Il jeta un regard à sa propre feuille, une photocopie écornée illustrée d'un buste d'Homère et d'une lithographie du XIXe, et comprit soudain ce qui était en train de se jouer. Bryan et Yacoub étaient séparés du texte par bien plus de trois mille ans. Il y avait un monde entre eux et les destinées d'Héraclès. Rien ne pouvait moins leur parler qu'une traduction littéraire d'une épopée grecque du VIIIe siècle avant Jésus-Christ. Indépendamment de cela, les deux élèves avaient déjà un profil intrinsèquement compliqué, qu'il aurait fallu accompagner différemment, quelle que puisse être l'activité proposée. En somme, rien n'allait. Plus exactement, rien n'était fait pour que la rencontre puisse avoir lieu. Personne n'était réellement à blâmer : Marie avait essayé de tirer profit de la présence de son collègue, Matthieu faisait son possible, et les deux élèves, malgré leurs difficultés de compréhension et de concentration, essayaient de jouer le jeu avec leurs faibles moyens. Pourtant, aucun d'entre eux ne sortirait grandi de cette séance. Matthieu décida de poursuivre, pourtant, parce qu'il ne voyait pas quoi faire d'autre. Avant cela, il croisa de nouveau le regard de Marie. Il la trouva fatiguée, et le sourire qu'elle lui adressa bien peu convaincant. Il ne lui avait pas encore parlé de son courrier au rectorat, pas plus qu'il n'avait tenu au courant Julien et Yann. Il grimaça ce qui était censé être un sourire en retour et se tourna de nouveau vers Bryan et Yacoub, qui, eux, rigolaient franchement. Il se surprit à leur envier leur insouciance en repensant à l'extrait du *Petit Prince* qu'il leur avait fait découvrir en début d'année : « Toutes les grandes personnes ont d'abord été des enfants, mais peu d'entre elles s'en souviennent. » Alors, si soudainement que cela le surprit lui-même, après une énième pitrerie de l'un des deux larrons, il éclata de rire.

100 projets pour la planète

Le concours « 100 projets pour la planète », organisé par le département et destiné à récompenser les établissements jugés les plus méritoires en matière d'écologie, avait lieu chaque fin du mois de mars. Pour les élèves et le collège en général, le concours avait cette fois-ci une ampleur particulière. Signifiante. Il y aurait un jury indépendant, composé d'enseignants, d'étudiants, d'associatifs, tous brevetés par l'organisateur. Mais il y aurait aussi le droit de regard des huiles – la municipalité, le conseil départemental, et, qui sait ? peut-être l'État. Sacrée occasion pour les jardins. Autant de raisons pour Julien d'appréhender : Roberto Mas serait présent et, avec lui, les étages supérieurs auxquels il allait désormais falloir s'attaquer.

On n'avait accordé aucun accompagnateur supplémentaire à l'enseignant. Pas même un surveillant. Les effectifs étaient plus tendus que jamais, les arrêts maladie se succédant sans fin dans tous les compartiments du collège, de la salle des profs au local des agents, de la cantine à la vie scolaire. Le dernier en date était celui de Camille, et il avait beaucoup contrarié Liliane : sans CPE, elle devait ouvrir sa porte. Yann voulait se joindre à la sortie ; cela lui avait été refusé à la dernière minute. Nécessité de service.

Julien n'avait jamais été un grand adepte des compétitions organisées par les institutions. L'idée même de concours le rebutait profondément, tant il abhorrait depuis toujours les classements, la hiérarchie et la concurrence. Pourtant, il avait accepté de participer à la finale des « 100 projets pour la planète ». Ses élèves avaient travaillé d'arrache-pied pour cette occasion. Ils avaient œuvré à la gestion des ruches, à l'entretien du poulailler ou aux campagnes de sensibilisation liées à la réduction des déchets à la cantine ; surtout, chaque membre du collectif s'activait plusieurs fois par semaine pour faire vivre les jardins du collège. C'était d'ailleurs ce qu'ils venaient expliquer, revendiquer et défendre : leur droit à poursuivre la récolte des fruits, la surveillance de la mare aux tritons ou la plantation de pieds de vigne auxquelles la bétonnisation de l'ensemble se proposait de mettre un terme définitif.

Julien arriva suffisamment tôt pour installer tranquillement le stand. Il avait apporté les panneaux réalisés depuis des semaines par le club nature. On y voyait des photos pour beaucoup jaunies des pelouses vides avant le lancement du projet. Puis les étapes qui avaient été réalisées patiemment au cours de la dernière décennie : le creusement de la mare ; la plantation des premiers arbres fruitiers ; le montage du composteur ; les premières salades, les premières fraises, les premiers radis ; la construction du poulailler. La dernière image datait de l'année précédente. On y voyait Julien entouré des élèves du club, toutes et tous plus souriants les uns que les autres, brandissant des pelles, des râteaux, des bêches vers le ciel ensoleillé au milieu des jardins désormais joyeusement bordéliques et luxuriants. Julien prit un long moment pour examiner le cliché après l'avoir punaisé au mur qui leur avait été attribué par le jury. Il y avait sur l'image trop de choses qui méritaient d'exister pour qu'il en soit autrement à cause d'une route. C'était ce qu'il avait expliqué à Matthieu quand il était tombé sur l'image quelques jours plus tôt.

« Elle est cool cette photo, hein ?

— Carrément. Ça représente bien les jardins.

— Il paraît, oui. C'est Yann qui l'a prise. C'est lui qui a insisté pour que je sois dessus. Je ne voyais pas bien pourquoi… C'est le truc des gosses, les jardins. La somme de leurs projets et des centaines d'heures qu'ils ont passées dessus. Je ne dis pas que je ne fais rien ; mais sans eux, y aurait pas eu grand-chose.

— Ouais, mais sans toi, y aurait rien eu du tout.

— C'est ce qu'a dit Yann. »

Il n'y avait aucune fausse modestie dans la réaction de Julien. Et sans Yann, il n'aurait pas même envisagé qu'il puisse y avoir le moindre intérêt à figurer sur le cliché en tant qu'individu. Seul comptait ce qui était en germe, des élèves aux savoirs en passant par les plants de tomates.

Emma arriva, bientôt suivie par Asma, Nabil et quelques autres. Aliou s'excusa dès son entrée car l'éloignement de son foyer avait failli le faire arriver en retard. Julien le rassura : c'était déjà merveilleux qu'il ait su trouver les moyens d'être présent.

Tandis que les premiers visiteurs commençaient à déambuler d'un stand à l'autre, Emma sortit un classeur de son sac et le tendit à son professeur.

« Tenez, monsieur. C'est ce que je vous avais proposé de faire. J'espère que ça ira. »

Sur la page de garde, un titre en gros, « Sauvons nos jardins ! », sous lequel avait été ajoutée une citation de Nelson Mandela : « Je ne perds jamais. Soit je gagne, soit j'apprends. » Julien esquissa un sourire. Emma ne le savait sûrement pas, mais c'était lui qui avait proposé d'inscrire la phrase sur la couverture de chaque carnet distribué à chaque rentrée à chaque élève du collège Allende. Tout le monde connaissait et respectait Mandela. Même les pires éditorialistes n'avaient pas grand-chose à se mettre sous la dent quand il s'agissait d'attaquer le Prix Nobel de la Paix : non-violent, enfermé près de trente ans dans des conditions inhumaines, élu démocratiquement à sa sortie. Il avait pardonné à ses tortionnaires. Surtout : il n'avait jamais fait de mal à un Blanc. Ça passait.

Dans la famille de Julien, Mandela n'était pas simplement respecté : on l'adulait. Sa grand-mère avait connu l'apartheid, et fini par le fuir pour s'installer en Espagne. Elle y avait trouvé un mari et un nouveau nom. Quand elle parlait de son enfance, de son exil puis de la libération de son héros, ses yeux brillaient encore des espérances folles qu'ils avaient vues comblées. D'ailleurs, elle ne disait jamais Mandela, mais Madiba. Et depuis 1990, les 11 février étaient devenus jours de liesse chez les Herrera.

« Tu veux montrer ça au jury ? demanda Julien.

— On en a parlé avec les autres : même si ça leur plaît pas, tant pis. On est pas venus là pour gagner une médaille en carton. On est là pour dire que nos jardins méritent d'être sauvés. »

Julien fut une fois de plus admiratif de la force de conviction de son élève : quand la cause lui paraissait juste, rien ne semblait pouvoir l'arrêter. Et il ne doutait pas que ce n'était qu'un début, concernant Emma. Il se mit à feuilleter le classeur. Il y trouva le texte de la pétition, ainsi qu'une liste non exhaustive de ses signataires les plus identifiables, de Paule Delhuisserie à la principale adjointe du collège, en passant par divers acteurs de la vie associative locale. Il y avait également le détail du contre-projet, sur lequel Julien avait passé des heures, bardé de chiffres tous plus édifiants les uns que les autres, de schémas et d'arguments défendant tour à tour la nature, les élèves, la pédagogie. Enfin, il y avait une galerie de photos des actions passées – de la première mobilisation devant le collège au dernier conseil municipal, en passant par la réunion de quartier au cours de laquelle Julien avait enregistré Roberto Mas à son insu. L'ensemble était conclu par l'agenda des échéances à venir. Julien referma le classeur et le posa en évidence au milieu du stand, juste à côté des flyers qui résumaient le tout et qu'il distribuait depuis des semaines partout où il se rendait.

« C'est vraiment très bien, Emma. Tu as dû y passer un temps pas possible.

— Nan, pas tant que ça. C'est juste une compilation de trucs qui existaient déjà. Et puis depuis que j'ai rendu le Livre Moi à M. Simonin, j'ai plus beaucoup de travail, alors il faut bien que je m'occupe.

— Le Livre Moi ?

— Oui. Bref. Il vous racontera sûrement. »

Elle esquissa un sourire puis partit retrouver ses camarades, déjà occupés à présenter leurs projets aux badauds qui commençaient à se faire plus nombreux. Julien contempla les élèves et une bouffée d'espoir l'envahit. Puisque la génération suivante était celle-ci, comment croire que le meilleur n'était pas à venir ?

Julien sortit de ses pensées pour suivre de loin les déplacements des pontes en goguette dans les allées du gymnase qui accueillait le concours. Emma l'avait informé qu'ils étaient vernis : le jury viendrait en début de matinée. Mais ce n'était pas l'arrivée des examinateurs que Julien appréhendait le plus. Comme il l'avait appris, les officiels n'étaient pas là pour noter ce qui était présenté, mais uniquement pour participer à la délibération finale. Ce qui ne les empêchait pas de se promener et encore moins de s'arrêter quand ils estimaient un projet digne d'intérêt. Du leur, en tout cas. Julien savait que, si le tour d'Allende venait, la rencontre serait dans le meilleur des cas glaciale. Il regardait Roberto Mas déambuler accompagné de deux femmes aux tailleurs de couleurs vives. L'élu portait son sourire affable des grands jours et montrait au chignon grisonnant et au carré blond les stands les uns après les autres d'un geste plus ou moins ample, selon qu'il s'agissait d'initiatives soutenues par la région, le département, ou sa glorieuse municipalité. Ses hôtes d'un jour écoutaient avec une circonspection polie les envolées enjouées que Julien devinait mâtinées de projets accompagnés par la mairie, d'initiatives de son groupe, de politiques par lui insufflées. La rectrice et la Dasen paraissaient attentives mais préoccupées. Désireuses d'en finir.

Julien dégagea ses yeux du cortège au moment où il vit s'avancer le jury. Celui-ci était composé de quatre personnes toutes plus souriantes les unes que les autres. La bienveillance transpirait jusque dans leur manière de tenir leurs porte-blocs. Elles se postèrent devant les élèves et s'adressèrent directement à eux :

« Bonjour, bonjour ! Alors vous êtes le collège Allende ? C'est bien ça ?

— C'est ça.

— Parfait ! Et qu'est-ce que vous avez à nous présenter alors ? »

Emma jeta un regard discret à son professeur. Julien hocha la tête en signe d'assentiment et recula d'un pas.

« Les jardins du collège, c'est une histoire commencée il y a plus de dix ans. Notre professeur ici présent, monsieur Herrera, a initié ce projet. Il a creusé une mare, mis des ruches, avant de lancer le chantier du potager, des arbres fruitiers et du poulailler. Aujourd'hui, nous récoltons régulièrement des tomates, des salades, des radis, des pommes, des poires, des framboises et des fraises qui sont servis à la cantine du collège. Et les poules sont nourries avec une partie des déchets du self.

— C'est très impressionnant ! Et vous avez de nouveaux projets en cours ?

— On en avait. Mais ça, c'était avant.

— Avant quoi ? »

Emma ne regarda pas son professeur. Elle n'avait plus besoin de son accord. Elle avait l'œil que Julien avait appris à reconnaître – celui qui ne s'embarrassait de rien ni de personne, convaincu de la justesse de ce qui s'apprêtait à être défendu.

« Avant que le département décide de bétonner tout notre travail pour une route qui sert à rien.

— Pardon ?

— Il y a une maison des sports en construction. Pour y aller, il faut une route ; et la route, ils ont décidé de la faire passer par nos jardins. C'est cher, ça sert à rien, ça détruit tout notre travail, mais ils ont choisi. Sans réfléchir. Sans en parler aux professeurs, et encore moins aux élèves. Juste… Comme ça.

— Excusez-moi, mais… ça semble un peu caricatural, non ?

— C'est ça. Mais ça ne les arrête pas. Je vous laisse prendre connaissance de toutes les informations que nous avons réunies dans le classeur ici. Et dans la brochure là. Et n'hésitez pas à signer notre pétition après ça. »

Le jury salua l'équipe en repartant avec les documents qui leur avaient été fournis. Un trio sortit de son ombre.

« Est-ce que vous pouvez nous expliquer pourquoi vous enjoignez à vos élèves de raconter ce genre d'inepties ? »

Le tailleur jaune s'était adressé directement à Julien et tournait ostensiblement le dos à Emma. Le professeur crut deviner l'identité de celle qui venait de le tancer.

« Et vous êtes ?

— Inès de Ressencourt, rectrice. Et voici Mme Labotte, directrice académique des services de l'Éducation nationale. Nous sommes venues parce que nous avions été invitées par les organisateurs du concours ; mais après avoir discuté avec M. Mas ici présent, nous souhaitions absolument venir échanger avec vous.

— C'est parfait : nous sommes là pour ça.

— Vous m'en voyez fort aise. »

Si ce n'était pas la première fois que Julien était confronté à une représentante de la haute hiérarchie de l'Éducation nationale, il n'avait pas souvenir d'avoir déjà senti une telle hostilité à son endroit. Il tâchait de faire bonne figure, mais ne pouvait s'empêcher d'être intimidé. Il se ressaisit pourtant et reprit la parole :

« Madame la rectrice, madame la Dasen, nous sommes ravis de pouvoir vous rencontrer enfin. Nous avons en vain sollicité un rendez-vous depuis plusieurs mois et...

— Parce que vous croyez que nous n'avons que cela à faire ?

— Pardon ? bégaya-t-il.

— Vous pensez vraiment que nous recevons toutes les personnes qui contestent la moindre décision de notre administration ?

— Eh bien non mais... En l'occurrence, il s'agit d'un projet qui impacterait fortement notre établissement et...

— Écoutez, monsieur... ?

— Herrera.

— Monsieur Herrera. Nous n'allons pas pérorer pendant des heures. Le projet de la maison des sports est issu d'une volonté gouvernementale, brillamment relayée et mise en œuvre par le conseil départemental avec le soutien indéfectible de M. Mas. Vous ne pensez pas que le sport soit une bonne chose pour les jeunes, monsieur Herrera ?

— Si, bien sûr que si. Mais…

— Alors il n'y a pas de mais. Le permis de construire a été dûment établi, les recours épuisés et les travaux de voirie débuteront dès juillet. Je vous conseille de passer à autre chose et de cesser d'endoctriner vos élèves en les berçant d'illusions. Je connais personnellement votre IPR, et il serait délétère pour vous et votre carrière qu'il ait vent de ce genre de comportement.

— Ce sont des menaces ?

— Absolument pas, monsieur Herrera, voyons. Ce ne sont que des faits. Comme la baisse des effectifs de votre établissement dont me parlait tout à l'heure Mme Labotte et qui pourrait logiquement déboucher sur une fermeture de classe si elle le décidait.

— Oui, je pense que vous seriez bien avisé de vous estimer heureux, monsieur Herrera. Vous avez plus à perdre qu'à gagner dans cette histoire », conclut cette dernière.

Le demi-sourire avec lequel la Dasen avait mis un terme à l'échange en disait long sur ce qu'elle pensait et ce dont elle était capable si Julien s'obstinait. Les chiffres étaient trafiqués : ils ne perdaient pas d'élèves, bien au contraire ; néanmoins, il suffisait qu'on leur enlève des moyens pour qu'ils ne soient plus en mesure d'accueillir autant de jeunes, ce qui conduirait *de facto* à une réduction des effectifs au sein du collège. Ils refuseraient des inscriptions faute de place, comme cela était le cas depuis plusieurs années.

Dans les tableurs de l'administration, ce serait incontestable : les chiffres seraient en baisse.

La troupe s'apprêtait à repartir quand une voix puissante s'éleva dans leur dos.

« Et les promesses non tenues du maire, on en parle ou pas ? »

Les trois adultes endimanchés se figèrent à l'unisson avant de faire volte-face. Emma avait les deux mains posées sur la table, le buste penché vers l'avant et le visage fermé. La rectrice revint à sa hauteur en deux claquements de talons. Roberto Mas s'appliquait à chercher son ombre pour se cacher derrière elle.

« Jeune fille, sachez que je ne supporte pas l'insolence.

— La personne insolente, ici, c'est vous.

— Pardon ?

— Vous n'écoutez personne, vous menacez, vous intimidez. Et je ne parle même pas du maire, qui a publiquement promis de nous aider avant de mentir en niant tout ça en bloc à la première occasion. Excusez-moi, mais ce n'est pas le genre de comportement que nos professeurs nous apprennent à adopter.

— Ce sont donc ces manières de faire que vous enseignez à vos élèves, monsieur Herrera ? Je comprends mieux ce qui dysfonctionne dans votre établissement. Votre IPR en sera avisée, et nous discuterons de la suite à donner à tout cela avec madame la Dasen.

— Ah, parce qu'en plus on ne vous a pas appris à ne pas tourner le dos à vos interlocuteurs ni à répondre à leurs questions ? Décidément, tout se perd en matière de respect et d'éducation. »

Emma avait lancé sa dernière phrase en levant les yeux au ciel avant de se remettre à ranger le stand. Roberto Mas avait gardé un silence prudent, de peur que ne soit évoqué l'enregistrement qui avait été fait de ses reniements. La rectrice se contenta de jeter un regard noir au professeur avant de tourner les talons, suivie de sa garde. Après leur départ, Julien observa Emma en silence. Cet aplomb… Il ne savait pas s'il devait la féliciter pour son courage ou la réprimander pour les conséquences que ne manqueraient pas d'avoir ses propos. Cela n'avait que peu d'importance, en fin de compte. Elle avait dit les termes. Enfin.

Dans la boue

Matthieu reprit le chemin du collège dubitatif. Il sortait tout juste de son entrevue avec M. Plougastec et M. Vérin, respectivement « chef adjoint de la division des personnels enseignants » et « conseiller de proximité des ressources humaines pour le département ». Matthieu avait été convié suite à son courrier : quiconque faisait une demande de rupture conventionnelle se devait de se déplacer au rectorat pour y présenter sa démarche, ses projets, ses raisons. Comme Artémis et Corbellier avant eux, Plougastec et Vérin n'avaient pas été désobligeants. Ils avaient même cherché à le mettre à l'aise. Pourtant, à mesure qu'il avait déroulé son plan de reconversion comme s'il passait un entretien d'embauche, Matthieu avait fini par trouver ses interlocuteurs insupportables. Des rouages. Qui ne chercheraient jamais à savoir et encore moins comprendre ce qu'il était, pensait, traversait. Des exécutants cossus et pathétiques, engoncés dans leurs ordres de mission désincarnés. La seule chose qui les intéressait, c'était de savoir si son départ ne coûterait pas trop cher à l'institution. Pantins à cravate. Salauds ordinaires.

Matthieu entra sur le parking du collège et chercha une place à proximité de la grille. Sans succès. Il grommela jusqu'à l'autre extrémité du carré de bitume rafistolé et finit par dénicher un emplacement. Il coupa le moteur et leva les yeux : le chantier de la maison des sports avançait à pas de géant. Les ouvriers installaient déjà la charpente. Cela le mit hors de lui. La veille, il avait eu une discussion avec Gérard, qu'il avait trouvé immobile en plein couloir, les mains sur les hanches, nez levé. Les élèves qui partaient en récréation, pourtant peu attentifs en temps normal, le contournaient de loin : quand Gérard était comme ça, il valait mieux éviter de le frôler.

« Un souci ?

— Ah, Matt. Salut.

— Salut. Encore un problème avec la tuyauterie ?

— Problème ? Emmerdes, ouais. Putain… »

Gérard avait fini par tourner sa barbe grise vers Matthieu. L'agent de maintenance avait le visage fermé des mauvais jours.

« Tu vois le bordel avec l'eau chaude, en novembre ?

— La coupure d'un mois ? Ah ouais, je me souviens très bien. Les profs de sport faisaient la gueule, rapport aux douches froides.

— Voilà. Ça fait des plombes que je dis au département que ça se barre en couilles en dessous du bahut.

— En dessous ?

— Ouais, les canalisations qui amènent la flotte. C'est tellement bouffé par la rouille qu'il y a des fuites partout. L'hiver, ça va, mais là…

— Attends, pourquoi c'est mieux l'hiver ?

— Parce que l'hiver, ça gèle. Et que quand ça gèle, ça fait des stalactites, et ça colmate. C'est pour ça que l'eau est revenue en décembre. Parce que ça meulait dur.

— Quoi ? C'est le froid qui bouche les trous ?

— Bah ouais, avait bougonné l'agent. Et puis, on peut compter sur personne, et encore moins sur le département. L'autre jour, ils ont envoyé trois pingouins avec des casques. Liliane en avait mis un aussi, t'aurais vu sa gueule… Mon casque à moi, il est fêlé depuis un bail, alors je le mets plus. Mais il a fallu quand même devant eux. Forcément. Des casques pour venir m'annoncer en personne le résultat des analyses de la flotte. Légionelle. Fallait bien qu'ils se déplacent, du coup.

— Quoi ? Mais c'est pas hyper dangereux, ça, la légionelle ? s'était étranglé Matthieu.

— Ah bah si. Surtout, ça peut leur faire des problèmes. Y a un agent qu'est mort de ça dans un autre bahut l'année dernière. Imagine un gosse qui crève : ça ferait mauvais genre. »

En sortant de sa voiture, Matthieu acheva de contempler la débauche de moyens mis en œuvre pour ériger avant la fin de sa mandature la lubie du président adjoint du conseil départemental. Pour ça, il y en aurait toujours, de l'argent magique.

Il aperçut au loin Sabrina à la grille, lui rendit son salut et son sourire. Elle se dirigea vers lui.

« Salut, Matthieu ! Excuse-moi de te sauter dessus comme ça, mais tu es bien prof principal des 3D, non ?

— Non, c'est Yann. Mais je les ai en français. Pourquoi ? Y a un souci ?

— Je crois, oui. Je passais par la salle de médiation tout à l'heure, et j'y ai trouvé Emma. Elle pleurait.

— Elle pleurait ?

— Ouais. Quand j'ai voulu savoir ce qui n'allait pas, elle n'a pas voulu me dire. Et elle m'a demandé de dire à personne qu'elle était là, sauf toi si je te croisais. Alors je t'ai cherché plus que je ne te croise, mais bon...

— Merde alors. Je vais aller voir tout de suite. De toute façon, il fallait que je lui parle. Merci ! »

Matthieu n'avait pas eu l'occasion d'échanger avec Emma depuis le concours « 100 projets pour la planète ». S'ils n'avaient pas gagné le premier prix – ce n'était une surprise : il était entre autres décerné par le maire, la rectrice et la Dasen –, ils avaient remporté le « Coup de cœur du public ». Emma, Nabil et les autres avaient dépensé une énergie folle, enjoignant à chaque personne présente de glisser un bulletin prévu à cet effet avec le nom de leur collège, faisant circuler la pétition, multipliant les anecdotes qui les liaient à leurs jardins, retraçant leur engagement quotidien.

Quand ils avaient été appelés sur scène pour récupérer leur récompense, Mas, Labotte et de Ressencourt faisaient grise mine. Ils n'avaient pas souhaité figurer sur la photo qui fut publiée dans l'édition du lendemain du quotidien régional. Lorsque Julien l'avait raconté à Matthieu, il était euphorique, ironisant sur les bassesses des pontes, s'émerveillant des ressources de leurs élèves, se prenant à espérer pour la première fois une issue favorable à leur combat.

Pourtant, depuis, le soufflé était retombé. Dès le lendemain, Liliane leur avait transféré un courrier du département évoquant de potentielles restrictions de moyens, et Julien avait appris dans la foulée qu'il serait inspecté pour la seconde fois en deux ans. Cela ne pouvait être un hasard. Les menaces avaient été mises à exécution.

Quand l'ultime sonnerie retentit, Matthieu était parvenu jusqu'à la salle de médiation. Il constata en entrant que les larmes avaient cessé. Emma tenait en tremblant un mouchoir détrempé qui rejoignit bientôt la myriade d'autres déjà posés sur la table basse. Matthieu ferma la porte derrière lui et s'assit sur le canapé qui faisait face à son élève. Emma avait été absente toute une semaine. Personne ne s'en était inquiété car la vie scolaire avait été prévenue par les parents. Il aurait fallu, pourtant. Matthieu attendit un moment sans rien dire. Le silence était seulement interrompu par des éclats de voix ponctuels en provenance du couloir et les reniflements discrets d'Emma.

Matthieu avait bien fait d'avertir la vie scolaire au passage : il faudrait prendre en charge ses troisièmes un certain temps.

Il patienta jusqu'à ce que tous les élèves soient entrés en cours. Quand il ne resta plus que le raclement des chaises en provenance du plafond troué, Matthieu se risqua à ouvrir la bouche :

« Emma… Sabrina m'a dit que tu voulais me parler. Qu'est-ce qu'il y a ?

— C'est pas ce que j'ai dit. J'ai dit que je ne voulais parler à personne, mais que s'il fallait absolument aller chercher un adulte, comme elle le disait, vous étiez le seul que je pourrais peut-être supporter.

— Eh bah c'est un joli compliment, dis donc. »

Emma n'avait pas levé ses yeux rougis du sol, mais Matthieu vit qu'il avait réussi à lui arracher un demi-sourire. Cela l'encouragea à poursuivre.

« Tu sais qu'on ne va pas pouvoir rester là indéfiniment, Emma. Je peux prendre le temps qu'il faut pour t'écouter. Et si tu ne souhaites pas parler, je respecterai ton choix. Mais si tu ne veux pas me dire ce qui se passe, je vais devoir appeler tes parents pour qu'ils viennent te récupérer.

— Non ! Pas mes parents ! »

Les mots avaient jailli avec une puissance et une vitesse qui surprirent Matthieu. Les parents n'étaient pas la solution. Le problème, même, peut-être.

« OK, OK. Je ne vais pas les appeler.

— Merci.

— Mais tu comprends bien que je ne peux pas te laisser comme ça, toute seule, dans cet état. Tu veux que je prévienne l'infirmière ?

— Elle est pas là, l'infirmière, je suis déjà allée voir. Absente, comme d'hab'. Écoutez… C'est pas que je veux pas vous parler. Mais je sais que si je le fais, vous allez devoir répéter ce que je vais vous dire, et ça, je veux pas.

— Emma… Si tu es là, comme ça, ici, c'est que tu ne peux pas faire autrement. Ou que tu ne peux plus faire autrement. Que tu as besoin d'aide, et que tu ne sais pas comment en obtenir. Je ne dis pas que je suis le meilleur interlocuteur du monde, encore moins que je peux faire des miracles ; mais puisqu'on est là et que tu as déjà commencé, pourquoi tu ne continues pas ? Tu as fait le plus dur, crois-moi. Tu as juste à accepter de lâcher prise, et ça viendra tout seul.

— Vous parlez sans savoir. Sinon… »

Matthieu laissa le silence de nouveau s'installer et en profita pour mobiliser ses souvenirs. Qu'avait-elle raconté dans son Livre Moi, déjà ? Il y avait l'évocation du suicide, bien sûr ; mais elle n'avait pas précisé ce qui avait donné naissance à ces pensées morbides. C'était cela qu'il aurait dû creuser avec ses parents quand il en avait eu l'occasion. Il s'était contenté d'observer les symptômes avant de se réjouir d'avoir contribué à leur prise en charge. Il savait que l'adolescence était un terreau propice à ce type de tentations délétères – il avait eu à accompagner trop de cas d'anorexie ou de scarifications dans sa carrière pour l'avoir oublié.

« Tu sais, reprit-il finalement, depuis le rendez-vous avec tes parents, j'avais l'impression que tu allais mieux. Le jour du concours, M. Herrera m'a raconté que tu étais au taquet, par exemple ! Qu'est-ce qui s'est passé depuis ? Ça a un rapport avec ton absence de la semaine dernière ? Tes parents ont dit que tu étais malade.

— Mes parents ont dit ce que je leur ai fait dire. Je suis pas du genre à sécher et j'ai des bonnes notes, et je leur avais jamais demandé de ne pas aller au collège. Là, je l'ai fait en mythonnant, à base de règles douloureuses et d'angoisse avant le brevet. Comme j'ai promis de rattraper les cours et de revenir, ils ont pas cherché plus que ça. Mais c'était trop dur de venir ce matin.

— Pourquoi ? Tu as des problèmes avec des camarades ? Dans la classe ? »

Le visage d'Emma se durcit. Elle planta ses yeux dans ceux de Matthieu, la mâchoire serrée. La colère avait remplacé la tristesse – une colère que son professeur ne lui avait jamais vue. Quand elle reprit la parole, elle le fit sans ciller, comme si elle redoutait de fermer les yeux ne serait-ce qu'un instant et de retrouver ses pensées.

« J'avais six ans la première fois. Et ça a duré jusqu'à mes onze ans. C'était toujours après l'école. Une fois par semaine, des fois plus. Comme c'était le meilleur ami de mon père, personne n'a rien vu. J'ai essayé d'en parler, mais j'ai jamais pu. Il proposait de me garder, et comme mes parents travaillaient beaucoup, ça les arrangeait. J'ai demandé à aller à la garderie, à l'étude, chez mes copines – partout où il ne serait pas. Ils ont toujours dit non en rigolant, des fois en se fâchant parce que la garderie, ça coûtait de l'argent, et que lui, il faisait ça gratuitement. Sauf que moi, je savais bien que c'était pas gratuit. C'est ce que vous nous avez dit quand on a travaillé sur la pub : quand c'est gratuit, c'est ce que c'est vous le produit. C'était moi le produit. »

Elle s'arrêta là, brutalement, son regard toujours fiché dans celui de Matthieu. Sa mâchoire s'était mise à trembler en même temps que ses mains. Elle attendait qu'il parle. Il en était incapable. Le silence dura un moment. Mais alors, tandis que le mutisme du professeur paraissait condamner au fiasco la fin de l'entretien, la jeune fille reprit la parole.

« Vous voyez ? Même vous, vous savez pas quoi dire. Alors imaginez mes parents ! Je sais que c'est moi la victime. Maintenant, je sais. En attendant, je peux pas leur faire ça. Mon père…

— Ton père est plus fort que tu ne l'imagines, et sûrement que ne l'imagine ta mère. Et ce n'est pas la question, de toute façon, ajouta-t-il doucement.

— Ah bah si, quand même ! C'est à moi de décider ce que je veux ou pas, non ?

— Non, Emma. Là, c'est une décision d'adulte. Je suis un adulte, tu es une enfant. C'est aux adultes de protéger les enfants, pas l'inverse.

— Parce que vous croyez que le pote de mon père, il voulait me protéger ? Et mes parents aussi, à l'époque ? Vous êtes vraiment tous pareils. »

Matthieu se retint. Il aurait eu des raisons de s'offusquer, à tout le moins de chercher à se défendre ; pourtant, cela lui apparut alors d'une puérilité sans nom eu égard à ce qu'avait vécu Emma. Il rangea sa fierté mal placée et passa outre.

« Tu auras le droit de m'en vouloir. Et tu ne pourras même sûrement pas faire autrement. Ce sera normal, et j'aurai du mal à te le reprocher. En attendant, juste un truc : moi, si je fais ça, c'est pour te défendre.

— Il disait pas qu'il me voulait du mal non plus, lui.

— Sauf que dès que tu sortiras d'ici, tu pourras raconter à qui tu veux ce qui s'est passé – et que je t'encourage même à le faire. Tu sais pourquoi ? Parce que les secrets entre adultes et enfants, c'est un truc de pervers. Et que je ne suis pas un pervers, moi.

— C'est exactement ce que dirait un pervers.

— Emma… »

Elle finit par accepter l'idée que son professeur allait raconter ce qu'ils s'étaient dit, notamment parce que le prédateur sexuel sévissait sûrement encore et que cela pourrait sauver d'autres enfants. Elle consentit ensuite à monter avec Matthieu en cours, non sans être passée pour justifier son retard en vie scolaire juste avant. Il avait insisté sur ce point afin qu'ils n'arrivent pas en même temps dans la salle et que leur entrevue ne puisse être devinée par le reste de la classe. Emma pourrait en parler si elle le souhaitait. Elle n'y serait pas obligée.

Quand l'élève frappa à la porte, son professeur lui fit simplement signe d'entrer, sans s'interrompre.

On était en pleine explication de texte. La séquence sur la poésie grandement consacrée à Gaël Faye battait son plein. Après une introduction qui avait conduit à rapprocher le chanteur de Rimbaud grâce à « Je pars », Matthieu avait dérivé sur l'engagement en vers, convoquant Hugo, Éluard, Senghor. Il s'apprêtait à poursuivre en jetant une passerelle entre ce qui venait d'être vu, le lyrisme et l'autobiographie. La dernière chanson qu'il avait fait écouter à ses élèves était celle qu'il questionnait avec la classe au moment de l'entrée d'Emma : « Zanzibar ». Tandis que la jeune fille achevait de sortir ses affaires, Matthieu accorda la parole au doigt levé de Nabil.

« Eh m'sieur, quand il dit "Les couilles et le cœur, paraît que tout ça casse", vous voyez, je comprends.

— Oui. Et accessoirement, ça te permet de dire "couilles" dans mon cours sans être sanctionné.

— Accessoirement, comme vous dites. Mais en vrai, après, j'ai rien capté Déjà, c'est quoi une houe ?

— Un outil de jardinage. Pour retourner la terre.

— Ah, comme une grelinette, quoi ? »

Matthieu sourit enfin. Un mois auparavant, il aurait été incapable de comprendre la réponse de son élève.

« C'est ça.

— OK. Mais alors… "Je retourne la terre des souvenirs à la houe", ça veut dire quoi ? Qu'il repense à son passé ?

— Exactement.

— Mais c'est quoi le rapport avec la grelinette ?

— C'est une métaphore, Nabil. Pour dire que c'est pas facile. Que ça lui demande des efforts.

— Ah okeeeeeeey ! C'est bon pour ça. Mais alors… pourquoi y a une mariée qu'arrive dans le jardin juste après ?

— Y a pas de mariée. »

Emma venait d'empêcher son professeur de répondre. Elle regardait Nabil fixement, la mâchoire serrée. Ces deux-là s'appréciaient seulement en dehors des cours. Pendant les séances de français, Matthieu avait régulièrement observé que les errances de Nabil en matière d'exégèses littéraires amusaient parfois sa camarade, mais, plus souvent encore, la navraient copieusement. Néanmoins, elle ne les relevait jamais elle-même. Sauf là.

« C'est une métaphore encore. "Mon enfance, c'est la traîne d'une mariée dans la boue", ça veut dire que ça aurait dû être beau comme une robe de mariée, son enfance, mais que ça a été de la merde. De la bonne grosse merde.

— Emma…

— Quoi, monsieur ? C'est pas vrai, ce que je viens de dire ? »

Matthieu resta un temps silencieux. Emma avait reporté son regard sur lui. Il y trouva autant de colère que d'attente. Il valida l'hypothèse de son élève, tout en nuançant le niveau de langue utilisé, et passa à la suite. Emma replongea la tête dans son cahier et ne l'en releva plus, même quand Matthieu se lança dans l'explication de la fin du texte :

« Dis-moi, toi tu fais quoi du temps qui reste à vivre ?

On se répare comment de tout ce qui nous abîme ? »

Il y avait bien trop de choses à taire sur le sujet.

Impasses

Julien s'arrêta devant les portes closes de la piscine. Les travaux allaient encore durer six mois. Et il fallait que ce soit maintenant. Évidemment. Il fit deux pas, se planta face à la baie vitrée désormais constellée de poussières et contempla l'intérieur. Les ouvriers rénovaient les vestiaires et la plomberie ; rien n'avait donc changé du côté des bassins. Il aurait suffi de les remplir et l'on aurait cru qu'il ne se passait rien.

Lili avait été désolée pour lui quand il lui avait dit qu'il ne pourrait plus nager tous les jours. « Je sais bien que c'est important pour toi, mon chéri. » Il s'était entendu lui répondre que ça allait le faire sans y croire le moins du monde. Même elle ne pourrait pas comprendre, de toute façon. Il avait commencé la natation quatre ans plus tôt, quand il avait essayé de se sentir moins mal. Bientôt, elle était devenue son Lexomil. Avec ses effets secondaires. La dépendance avait été immédiate. Les crises de manque terribles. Quand il ne pouvait pas nager, il oscillait entre rage et déprime. Lili l'avait remarqué ; elle n'aurait pu deviner ce qui se jouait en lui. Lui-même le mesurait seulement vraiment depuis la fermeture.

Julien s'était découvert une fascination totale pour l'eau. Les vagues se formaient dès qu'on la touchait, l'écume suivait, et sans fin, tant qu'il le fallait. Et puis, quoi qu'il ait pu se passer, quelles qu'aient pu être les agitations dans le bassin, l'eau retrouvait son calme presque aussitôt, dès qu'on la laissait tranquille. Elle savait accueillir, s'adapter et se retrouver ensuite, toujours. Exemplaire.

Il quitta le chantier. Ressasser ne servait à rien. La piscine serait encore là dans six mois ; les jardins, peut-être pas. C'est à cela qu'il fallait penser maintenant, même s'il s'en sentait chaque jour moins le courage. Il continua de marcher dans le matin qui frémissait sans savoir où il allait. Il verrait bien. Pour une fois, il avait le temps. Quand le centre nautique à deux pas de chez lui avait fermé en janvier, il avait voulu se persuader qu'il saurait s'organiser pour se rendre à l'autre bout de la ville, où la piscine était restée ouverte. Mais son temps ne lui appartenait plus depuis des années. Il enviait Matthieu. Il allait se réapproprier le sien, de temps. Mais lui, Julien, il en ferait quoi ? Il ne savait pas écrire, encore moins corriger des bouquins. Il allait bien falloir trouver des raisons de rester dans l'Éducation nationale. Sans les jardins, il ne voyait pas comment cela serait possible. Il leva les yeux timidement pour découvrir où ses pas l'avaient conduit. Devant le collège. Bien sûr. Il soupira en composant le code et se retrouva bientôt au milieu des fruitiers bourgeonnants.

Julien n'aurait pas dû être là un dimanche matin – encore moins à cette heure. Mais il avait compris depuis un long moment maintenant qu'il passait quoi qu'il arrive ses jours et ses nuits dans ses jardins. Il n'avait plus besoin d'être au collège pour cela. C'était déjà un peu le cas avant : au détour d'une conversation avec sa fille lui venait une idée d'aménagement pour la butte, un cours sur la biodiversité avait fait naître le projet de seconde mare, la célébration du beaujolais nouveau trois ans auparavant avait débouché sur les plants de vigne qui, désormais, habillaient une bonne partie des grilles qui servaient d'enceinte à l'établissement. Sa passion avait fini par virer à l'obsession. C'est du moins ce qu'avait de guerre lasse lâché Lili la veille, après une énième prise de tête. Julien n'avait jamais été un gros dormeur ; dorénavant, il ne parvenait à se reposer qu'en bribes arrachées par son corps exténué de loin en loin, à des heures incongrues, dans des endroits logiquement réservés à la veille – canapé, fauteuil, table basse. Il n'était plus l'ombre de lui-même ; celle-ci l'avait quitté pour aller s'allonger ailleurs, où l'on vivait le jour.

Julien erra sans but des pommiers à la rhubarbe, du tas de terreau au bosquet de mûriers. Tout cela allait disparaître, forcément. Ceux qu'il avait à affronter étaient peu nombreux, mais tellement puissants… Souverains. Intouchables. On ne pouvait rien espérer quand on se dressait face à une telle machine, lancée à pleine vitesse et dépourvue de freins. Il en avait déjà fait bien plus qu'il ne s'en serait pensé capable – plus, et trop. Mais trop n'était pas assez. Cela ne le serait jamais. Il fallait abandonner. Pour se sauver lui, au moins, déjà. Après tout, le département lui avait expliqué que ce n'était pas si grave. Quelques arbres. Deux ou trois projets qui ne demandaient qu'à être plantés ailleurs.

« La maison des sports est une chance inouïe pour la jeunesse de la ville. Imaginez donc : tous les représentants de tous les acteurs de la vie sportive locale réunis en un seul et même lieu ! Et vu son emplacement, une opportunité incroyable pour votre collège en particulier. Ne souhaitez-vous pas le meilleur pour vos élèves, monsieur Herrera ? »

À défaut d'avoir raison, ils n'avaient peut-être pas totalement tort. Et puis le club nature lui prenait tellement de temps… Sans lui, il retrouverait des pauses de plus d'un quart d'heure le midi, et des week-ends entiers à pouvoir penser à autre chose qu'au grain à acheter pour les poules, aux tuteurs à redresser, aux salades à arracher pour le self. Le sommeil. Ernestine. Lili. Il ne culpabiliserait plus sans fin à l'idée que ses lubies risquaient de coûter une classe à la rentrée prochaine. Il pourrait retourner nager. Ne plus penser à rien. S'offrir des espaces et des pauses, des respirations complètes. Des marges. Il avait juste à jeter l'éponge. Personne ne lui en voudrait. Tout le monde comprendrait. Ils seraient soulagés, même. Il voyait les regards de ses collègues chaque jour plus désolés quand il croisait les leurs. Il les inquiétait. Matthieu le lui avait dit ; Yann et Marie n'en avaient pas eu besoin.

Avec Matthieu, il s'était encore défendu avec l'énergie de l'animal blessé. Mais ce n'avait été qu'un ultime appel au secours impossible à entendre vraiment. Même pour quelqu'un comme Matthieu. Quand son collègue avait maladroitement essayé de lui dire qu'il l'admirait et se serait senti bien incapable de lui arriver à la cheville en termes d'engagement, cela avait achevé Julien. Il n'avait alors pu se retenir de craquer et s'était effondré en larmes sur la grelinette. Matthieu lui avait passé un bras autour du cou. Demandé pardon. Assuré que ça irait. Promis qu'il prendrait le relais, et battrait le rappel auprès des collègues dans la foulée. Sur le moment, cela lui avait séché les yeux. Mais Julien avait eu le temps d'y repenser depuis. Matthieu se trompait honnêtement, parce qu'il n'avait pas cela dans sa chair depuis toujours. Il avait la foi des évangélistes, pas celle des opprimés. Si cela avait été le cas, il aurait su que l'espoir ne suffisait jamais. Et ne servait dans la plupart des cas qu'aux puissants, qui en abreuvaient la populace pour qu'elle se tienne sage pendant qu'ils la dépouillaient d'elle-même. Les jardins étaient déjà perdus. Ils l'étaient depuis le début.

Rôles

Quand Julien avait informé ses collègues de sa mise en retrait dans la lutte pour les jardins, son mail n'avait pas surpris grand monde, pour ne pas dire personne. Il était en outre arrivé entre une communication de l'État concernant un énième dispositif de prise en charge de la dictée en sixième si novateur qu'il devait absolument entrer en vigueur dès la prochaine année scolaire et un courrier de la direction officialisant le report de trois ans des travaux de restructuration du collège. Ce n'était que parce que Liliane avait cliqué sur « répondre à tous » que le message était vaguement sorti du lot. La principale avait pris acte du désœuvrement de son subalterne, salué l'étendue des actions déjà menées en faveur des jardins, expliqué qu'on ne pouvait pas dire qu'il s'agissait d'un échec, simplement que ça n'avait pas marché. Elle avait conclu en rappelant la phrase de Mandela qui figurait sur les carnets de correspondance, et s'était réjouie de « la belle cohésion collective qui ne pouvait annoncer que le meilleur quant aux projets à venir ». La lutte n'avait pas encore eu le temps de mourir que la cheffe d'établissement en avait déjà fait du compost, aussitôt répandu sur les terres stériles du team building. Pour ne rien arranger, Agnès avait abondé dans le quart d'heure qui avait suivi la réponse de sa supérieure. Elle l'avait fait dans son style, et le savant mélange de tournures passives-agressives sautillantes et d'émojis nauséeux était dosé avec la minutie et la profondeur d'un ministre réagissant à chaud à un fait divers :

Objet : La vie continue !

Coucou tout le monde !

Merci Liliane de nous remonter le moral : nous en avons bien besoin !

Comme tu l'écris si bien, il ne faut surtout pas nous laisser abattre par cette défaite et tout de suite se remonter les manches en passant à la suite !

C'est pourquoi je vous rappelle que, dès le mois prochain, vous serez tous invités au CDI pour ce grand événement pour lequel je n'ai comme d'habitude pas compté mes heures : la remise du Prix Manga !

D'ici là, belle journée à tout le monde, et haut les cœurs !

Le sang de Matthieu n'avait fait qu'un tour. Lui aussi avait fait « répondre à tous » :

Objet : « Celui qui combat peut perdre, mais celui qui ne combat pas a déjà perdu. » Bertold Brecht

Bonjour à toutes et tous,

Comme vous avez pu le lire, Julien se met en pause dans la lutte pour sauver les jardins du collège Allende. Je pense parler pour l'ensemble des collègues si j'écris que c'est une excellente nouvelle, car il avait clairement besoin de se ressourcer, sous peine de finir dans le même état que les murs de l'établissement.

Blagues à part, puisqu'il me l'a très officiellement demandé, je prends le relais. Comme Julien l'a très bien résumé, tout ce qui pouvait être fait l'a déjà été. J'ajoute néanmoins que ce n'est pas une fin, mais juste un début. Tout cela va infuser. Notre combat est désormais connu de la mairie, du département et du rectorat. Évidemment, nous ne sommes pas assez naïfs pour croire que les sources de nos ennuis peuvent en être la solution. Nous devons donc aller voir ailleurs. Et ça tombe bien : ailleurs, c'est l'opinion publique, et elle est juste à côté ! »

Matthieu avait redonné le lien vers la pétition en ligne, avant d'annoncer qu'un rassemblement populaire serait organisé courant mai devant le collège. Élèves, parents, collègues mais aussi presse et élus y seraient conviés. Le maire se ferait sûrement porter pâle, mais ils avaient déjà reçu un accord de principe de son opposante en chef, Paule Delhuisserie. Matthieu avait conclu en s'offrant le plaisir d'un petit tacle à la gorge d'Agnès en post-scriptum :

La remise du Prix Manga pourrait avoir lieu lors de ce rassemblement, ce qui offrirait un bel éclairage sur les actions menées par notre sémillante collègue et montrerait à ceux qui en douteraient encore que ce que l'on trouve en matière de rêves et d'espoirs dans les livres ne s'arrête pas aux quatre murs du CDI.

Il avait ensuite pris sur un rythme bonhomme la direction du collège.

Il s'étonna de voir la porte du bureau de Liliane ouverte à son arrivée, sachant que Camille avait repris le travail la veille. Il comprit vite la raison de cette bizarrerie quand sa cheffe lui intima de venir dans son office et de fermer derrière lui. Elle affichait un sourire de cadre venue réaliser un audit avant un plan de licenciement.

« Ça tombe très bien que tu sois là, Matthieu, parce que je viens de lire ton dernier message et que je voulais t'en parler.

— Il y a un problème ?

— Non, bien sûr que non, toujours à dramatiser, vous les littéraires !

— Tant mieux. Parce qu'il me tenait à cœur, ce mail, pour montrer à Julien qu'on le soutient et à tout le monde que la lutte continue.

— Et tu as eu raison ! Tu sais que j'encourage toujours la solidarité au sein de mon établissement.

— Mais ? »

Matthieu se doutait bien qu'elle ne l'avait pas fait entrer pour le complimenter.

« Mais je ne veux plus que les collègues soient bercés d'illusions. Tout le monde est déjà tellement abattu ! Il y a eu beaucoup d'arrêts dernièrement. Et puis, avec les grèves, ça fait beaucoup d'absences, et les parents commencent logiquement à se plaindre.

— Quel est le rapport avec les jardins ?

— C'est un tout, Matthieu, tu le sais bien ! Pour prendre une image qui plairait à Julien, un collège, c'est un écosystème fragile. Très fragile, même. Chaque décision individuelle impacte le collectif.

— Et donc ? Parce que le département veut bétonner les espaces verts des gosses et que les collègues sont malades, on n'a plus le droit de manifester, c'est ça ? »

Liliane ouvrit grand les mains avant de les rabattre sur les accoudoirs de son fauteuil.

« Tu vois, tu recommences à exagérer ! Je n'ai jamais dit ça. Simplement qu'on ne peut pas être sur tous les fronts et qu'il faut choisir ses combats. Et donc je pense qu'on gagnerait tous à recentrer nos efforts, notre temps et notre énergie sur ce qui est le cœur de notre métier : les élèves et leur prise en charge. Tu vois ce que je veux dire ?

— Pas vraiment.

— Roh, Matthieu : ne fais pas l'âne pour avoir du son !

— Je ne vois pas ce qu'il y a de drôle. »

La principale se pencha vers son subalterne en reprenant son sérieux.

« Je ne rigole pas, Matthieu : je dédramatise. Oui, les jardins sont perdus, et j'en suis la première navrée, tu le sais bien. Mais comme l'a très joliment écrit Agnès, il ne faut pas se laisser abattre ! Nous avons reçu une invitation à visiter le chantier de la maison des sports, par exemple. Je suis en train de valider la composition de la délégation qui s'y rendra, et je voulais vous proposer à Julien et toi d'en faire partie. Je n'irais pas jusqu'à dire que c'est un privilège, mais, avant de répondre, sache que les places sont chères...

— C'est prévu quand ?

— Ah, tu me prends un peu de court, là ! Je ne me souviens plus de la date exacte, mais c'est un mercredi matin. Je peux te retrouver ça rapidement si tu veux.

— Pas besoin, ce ne sera pas possible. Ni pour Julien, ni pour moi.

— Ah ? Et pourquoi ?

— Julien n'a pas cours le mercredi matin ; et comme tu l'as dit, tout le monde a besoin de se reposer. Moi, j'ai quatre heures devant élèves : je préfère me recentrer sur le cœur de mon métier. »

Matthieu quitta le bureau de Liliane sans attendre sa réponse : il s'en foutait cordialement et craignait de perdre le calme qu'il avait miraculeusement réussi à conserver tout au long de leur entrevue. Il slaloma entre les sacs jetés au sol par les élèves partis déjeuner pour gagner la salle des profs. Il ne décolérait pas. Comme si les coups de pression ne suffisaient pas, on essayait maintenant de le décourager et de lui faire miroiter de pseudo-honneurs réservés aux bons petits fonctionnaires qui s'appliquaient à se tenir au garde-à-vous, le doigt sur la couture du pantalon. Il y avait bien un doigt dont il aurait eu envie de faire usage, mais ce n'était pas le même, ni au même endroit.

Il était en train de secouer le toner de la photocopieuse pour en gratter les dernières gouttes quand la porte s'ouvrit pour laisser entrer un claquement dans son dos. Il n'avait pas besoin de se retourner pour savoir qui venait d'honorer le modeste espace de son auguste présence.

« Oh mais regardez qui voilà : Ernesto Che Simonin ! En personne ! »

Agnès avait toujours le sourire vissé sur des talons interminables et ponctuait toutes ses phrases d'une sorte de petit gloussement cristallin que Matthieu avait appris à détester pour sa fausseté carnassière. Elle avait remplacé Éric au CDI trois ans auparavant, après qu'il avait démissionné à la suite d'un rapport d'inspection particulièrement cinglant, accompagné d'une note honteuse. Éric avait les bouquins dans le sang, leur transmission aux élèves au moins autant. Son espace de travail était un fatras de coups de cœur empilés jusqu'à l'effondrement sur des idées de lectures parfaitement ciblées. Il n'avait pas de progression annuelle et laissait les outils numériques prendre la poussière. Il lisait des contes aux sixièmes, organisait des débats sans fin avec les troisièmes et riait de tout, tout le temps, avec tout le monde. Éric était en outre vent debout en permanence contre les restrictions de moyens, les injonctions aux heures supplémentaires, les gadgets institutionnels. Il aurait dû se moquer de ce que pouvait avoir pensé de lui le costard venu l'évaluer. Cela avait été la fois de trop. Il n'avait pas pu. Il était parti, et son bordel merveilleux avec lui.

Agnès avait remplacé Éric. L'ordre était revenu dans les rayonnages, les inscriptions aux dispositifs creux et rutilants du rectorat avec lui. Le CDI était propre, désormais, débarrassé des conversations depuis interdites, froid, conforme. Zéro zbeul.

« Bonjour, Agnès.

— Alors comme ça, on repart en croisade ? Si tu veux, j'ai des livres à te prêter sur l'histoire des Templiers !

— C'est gentil, mais ça ira. Si tu veux me faire plaisir, tu devrais plutôt aller signer la pétition pour les jardins.

— Mais je l'ai signée, monsieur Simonin ! Pas plus tard que la semaine dernière, même !

— C'est marrant, parce que je suis allé voir la liste des signataires hier et tu n'y étais pas.

— Ah bon ? Ah, je sais : j'ai dû oublier de cocher la case pour faire apparaître mon nom. Je suis tellement tête en l'air !

— C'est pour le faire disparaître qu'il fallait cocher.

— Ah ? Fausse manip' alors ! Mais ce qui compte, c'est que je l'ai signée et que je vous soutiens à fond, tu sais bien ! »

Matthieu se détourna de sa collègue pour récupérer les photocopies pâlottes encore chaudes. Tandis qu'il les tassait pour y mettre un semblant d'ordre, il osa une ultime requête :

« Les élèves du club nature ont monté une petite expo sur la lutte pour les jardins.

— Oui, je sais, j'ai vu la photo du concours dans le journal. C'est tellement bien, des jeunes qui se mobilisent ! Ça change de ceux qui passent leur temps sur les réseaux sociaux et jouent aux jeux vidéo, oh là là ! C'est pour ça que quand il y en a qui se bougent un peu, je suis toujours là pour les encourager, tu me connais.

— Justement, ils cherchent un endroit pour l'afficher au collège. J'ai pensé au CDI.

— Ooooooooh ! C'est teeeeeeeellement gentil de penser à moi ! Malheureusement, ça ne va pas pouvoir se faire. J'espère que tu ne leur en as pas parlé : ça m'embêterait troooooooooop pour toi que tu doives encore les décevoir.

— Pourquoi ce ne serait pas possible ?

— Eh bien je suis en pleins pourparlers avec le département pour avoir un tout nouveau mobilier pour mon CDI. Et tu sais comment ils sont, ces gens-là, sérieux, sérieux, sérieux, oh là là ! expliqua-t-elle avec un gloussement. Alors comme ils ne sont pas joyeux-joyeux, en ce moment, avec votre histoire de jardins, ça me tuerait qu'ils en profitent pour priver nos élèves des belles tables et des super chaises que j'ai choisies pour eux. Il y aura même des nouveaux poufs, tu te rends compte ? »

Matthieu attrapa son sac et ses photocopies et sortit sans répondre. Comme il l'avait fait avec Liliane. Pour les mêmes raisons. Vingt-quatre heures dans le rôle de Julien, et il avait déjà sa dose de couardises enrobées.

Môssieur Simonin

Marie se souvenait toujours au mot près de ses conversations avec Matthieu. Là, pourtant, elle enrageait à force de courir après les détails de la dernière.

« Bryan ! Tu ne crois pas que tu as autre chose à faire que de mettre ton doigt dans l'oreille de Yacoub ? Vous êtes en pleine évaluation, bon sang !

— Ouais mais c'est parce qu'on a fini, m'dame.

— Ouais : F-I-N-I-S. Finis, m'dame.

— Il n'y a pas de... Bref. Bryan, tu ranges tes doigts, Yacoub, tu te retournes, ou je vous envoie au CDI. »

La menace d'une demi-heure passée avec Mme Hartmann avait suffi à calmer les deux trublions. Marie en fut d'autant plus soulagée qu'elle n'aurait pu la mettre à exécution : jamais Agnès n'aurait accepté d'accueillir des élèves exclus de cours. Encore moins ceux-là. Marie fit les gros yeux un moment ; puis, quand elle sentit qu'elle pouvait se le permettre sans risque, replongea dans ses pensées. Elle aurait dû prêter davantage attention. Au lieu de cela, elle n'avait écouté que d'une oreille, obsédée par la tenue de gym qu'elle avait oublié de glisser dans le sac de Bérénice avant de partir pour l'école, et le dîner qu'elle n'avait pas plus anticipé que le ravitaillement de son frigo envahi de courants d'air. Matthieu lui avait expliqué entre deux taffes où il en était de son projet de reconversion. C'était important, merde ! Mais il l'avait saoulée une fois de plus en minimisant sa démarche et en blaguant sur le rectorat. Marie n'avait aucune envie d'en rire. Elle n'avait pu s'en empêcher. C'était chiant aussi, ça, qu'il soit drôle.

Yacoub avait entamé une sieste. Bryan s'ennuyait donc logiquement. Leurs camarades poursuivaient quant à eux leur rédaction d'une nouvelle aventure du Petit Prince, basée sur la planète inédite qu'ils avaient pensée et dessinée en arts plastiques. Ils étaient à des millions de kilomètres du collège – et il fallait au moins cela pour rester concentrés quand on avait pour voisins Bryan et Yacoub. Il avait envoyé sa demande de rupture conventionnelle ? Non. Il attendait un rendez-vous pour ça. Ou le rendez-vous avait déjà eu lieu... Oui : avec les deux pantins à cravate, là. Mais il devait y retourner la semaine prochaine. Non. Non plus. Ah ! il attendait un coup de fil. Marie bouillonnait – et les gesticulations de plus en plus prononcées de Bryan sur sa chaise ne l'aidaient en rien à se calmer. Elle pourrait l'envoyer dans le couloir. Non : ce serait pire. Ici, au moins, il n'y avait pas d'alarme incendie à déclencher. Pas à sa portée, en tout cas. Ça y est : trouvé.

« Bryan ? Tu veux bien me rendre service ?

— Bien sûr, m'dame !

— Tu veux bien aller me chercher un marqueur noir à l'intendance ?

— Bien sûr, m'dame !

— C'est gentil. Tu connais le chemin ?

— Oui, m'dame !

— Alors file. Et ne traîne pas, hein.

— Bah non, m'dame. »

Bryan connaissait le chemin. Il adorait aller chercher des marqueurs. Marie en avait d'ailleurs plein son tiroir. Autant que de fois où elle avait mis sa conscience professionnelle de côté pour s'offrir quelques minutes de répit. Bryan allait traîner. Aller aux toilettes, très vraisemblablement. Y utiliser son téléphone en cachette. Ce n'était pas dramatique. D'autant qu'il n'avait pas réveillé Yacoub en partant.

Ce qui agaçait encore davantage Marie, c'était que la conversation avait changé de sujet par sa faute. Quand Matthieu avait utilisé le mot « courrier », elle avait rebondi pour parler de celui qu'ils venaient de recevoir en provenance de la direction et qui l'avait mise hors d'elle. Cet échange-là, évidemment, elle s'en rappelait à la virgule près.

« J'irai pas au séjour de révision des troisièmes. J'adore ça, pourtant : on se marre bien, ça change. Et la boum, à la fin, c'est toujours un grand moment. Mais là, trois jours et trois nuits payés comme si on était restés au bahut, c'est non.

— L'enveloppe d'heures sup' est épuisée, tu sais bien…

— Justement, tu sais pourquoi y en a plus, d'enveloppe ? Parce qu'elle a servi à payer le putain de Prix Manga de l'autre conne !

— Sérieux ? Pas toute l'enveloppe quand même ?

— Ah nan, pas tout. C'est ça le plus beau. Le reste, il finance la sortie de la putain de délégation qui va faire de la lèche à la maison des sports. »

Matthieu ne put retenir une exclamation de surprise.

« C'est la secrétaire qui m'a avoué ça en cachette, reprit Marie. Cerise sur le gâteau : il en reste, des heures.

— Elle a encore menti, Liliane ?

— Ah mais non ! Pas du tout ! Quand je lui ai demandé, elle a répondu qu'elle "anticipait".

— Anticiper quoi ? Elle en a jamais été capable !

— Sa réponse : "Au cas où." Moi, je paie pas la garderie des filles pour les "au cas où" de la cheffe. C'est mort ! »

Marie avait été trop péremptoire pour ne pas comprendre aussitôt qu'elle cherchait surtout à se convaincre elle-même qu'elle faisait le bon choix. Qu'elle avait le choix, surtout. En réalité, elle avait eu beau tourner et retourner la question dans tous les sens, elle n'avait pas trouvé de solution pour les filles. Le séjour tombait pendant sa semaine. Leur père n'accepterait jamais de sacrifier trois jours avec sa chérie pour les beaux yeux de son ex. Leur séparation s'était bien passée, et ils œuvraient en bonne intelligence quand il s'agissait de leurs enfants. Mais sa nouvelle compagne était divorcée et mère elle aussi. Ils avaient réussi à synchroniser leurs semaines de garde. Ce n'était pas pour se voir privés de la moitié de leur temps en tête-à-tête à cause du travail de celle d'avant. On voulait bien être arrangeants ; il ne fallait pas exagérer non plus.

Marie reporta son attention sur son écran : il restait un quart d'heure. Bryan n'était toujours pas revenu, ses camarades n'avaient pas du tout fini. Il allait falloir envoyer la vie scolaire à sa recherche, encore, et elle allait s'en vouloir. Comme d'habitude. Ce genre de choses n'arrivait jamais à Matthieu, évidemment. Monsieur Parfait. C'était facile, aussi, d'être irréprochable, quand on n'avait que sa gueule à penser. Il ne pouvait pas comprendre, le glorieux môssieur Simonin, ce que c'était que de chercher un doudou ou de se relever trois fois la nuit pour courir à quatre pattes après une tétine qui était en fait planquée derrière la saleté d'oreiller licorne. Il n'aurait jamais à connaître la honte du legging trop court, ou troué, ou les deux, qu'on ne peut plus changer parce qu'on ne s'en est rendu compte qu'une fois arrivée sur le parking de l'école, pas plus qu'il n'aurait à vivre l'angoisse de la toux qui empêche de dormir parce qu'elle met des hypothèses de rendez-vous chez le médecin dans la tête, des journées enfant malade, du boulot déjà à rattraper et de la culpabilité pour l'écharpe qui était restée dans l'entrée la veille, quand il faisait si froid. Matthieu ne saurait pas l'abîme de désespoir du dîner raté, des poêlées mal décongelées dans la précipitation, de la soirée en jachère. On se contente de peu, de rien, quand on n'a que soi à gérer. C'était un luxe. Et comme tous les luxes, ceux qui en bénéficiaient n'en avaient pas la moindre conscience.

Marie s'interrompit elle-même en s'entendant penser. Il n'avait pas de gosses, oui ; mais qu'est-ce qui lui disait qu'il n'en voulait pas, ou n'en avait jamais voulu ? Ils n'en avaient jamais parlé. Elle le jugeait. Et lui reprochait presque l'image horrible qu'elle avait d'elle-même en tant que mère. C'était n'importe quoi.

Elle fut expulsée de ses élucubrations par un vacarme brutal qui jaillit des haut-parleurs. Elle leva les yeux au plafond dans un soupir. L'alarme incendie. Évidemment.

Jeunesses

« Eh, m'sieur !

— Bonjour Nabil.

— Ouais pardon. Bonjour, m'sieur.

— Toi, tu as quelque chose à me dire qui ne peut pas attendre le troisième étage, non ?

— Nan, nan, même pas. C'est juste que comme les autres sont partis devant et qu'vous avancez pas super vite, j'ai un peu pitié, alors j'reste.

— C'est presque gentil.

— J'rigole m'sieur ! En vrai vous faites pas pitié. Vous êtes même pas si vieux que ça.

— Merci Nabil.

— De rien. C'est cadeau d'la maison ! »

Depuis le palier du deuxième, Matthieu accéléra au moment d'attaquer la dernière volée de marches. Les 3D bouillonnaient devant la porte de sa salle et les éructations de Clément rebondissaient jusqu'au rez-de-chaussée. Il n'était plus temps d'en prendre.

« Si, m'sieur, y a un truc quand même.

— Quoi ?

— Les jardins, là...

— Quoi, les jardins ?

— Bah m'sieur Herrera, il nous en parle plus trop, au club. Emma, elle m'a dit que ça voulait dire que c'était mort.

— Nan, c'est pas mort. Mais on est un peu dans le dur, c'est vrai.

— Ah mais vous peut-être, mais nous, on va pas lâcher l'affaire. Y a trop pas moyen ! »

Nabil avait accompagné sa dernière phrase de gestes théâtraux au possible et d'un non de la tête d'enfant à qui on présente une bolée d'épinards. Matthieu se retint d'en rire, pourtant : l'affaire était bien trop sérieuse pour son élève. Quand il finit par atteindre la 311, Matthieu fut presque rassuré de constater que la serrure résistait comme à son habitude au trousseau de clés. Il pouvait reprendre son souffle et indiquer de son bras libre au groupe dispersé qu'il fallait se ranger contre le mur, ne serait-ce que pour laisser les autres classes passer. La porte finalement ouverte, le professeur salua ses troupes en souriant tandis qu'ils gagnaient leurs places.

« Younès ?

— Quoi ?

— Casquette. »

L'élève poussa un long soupir.

« Ça fait quatre ans que tu entends la même chose ; tu as prévu de comprendre avant de quitter le collège ou pas du tout ?

— Bah en vrai, m'sieur, c'est dans deux mois. Et après, au lycée, j'aurai l'droit d'la garder, alors bon.

— Oui, mais là, c'est encore la troisième. Alors casquette. »

Le début de l'heure se déroula sans encombre majeure. La préparation du dernier brevet blanc à venir ne déchaînait pas les passions, mais la résilience était collective. Bientôt, enfin, le cours dériva. Matthieu rappelait les présupposés du sujet de réflexion, qu'il conseillait de choisir au détriment de celui d'imagination quand il s'agirait de se lancer dans l'heure et demie consacrée à la rédaction.

« C'est de l'argumentation. On est là-dessus depuis septembre. Vous maîtrisez. Et puis vous avez quasiment tous pris le sujet d'imagination pour le premier brevet blanc. Autant avoir essayé les deux avant le jour J.

— Ouais mais si on s'plante, m'sieur ?

— Il vaut mieux se planter à l'entraînement qu'au match, Yasmina, tu ne crois pas ?

— Mouais… Moi j'dis, c'est mieux d'pas s'planter du tout… »

Matthieu leur redit comme il aimait le faire que les erreurs faisaient partie de l'apprentissage et ressortit le parallèle avec la découverte de la marche chez le nourrisson – toutes les chutes finissaient par assurer la station debout ferme et définitive. Quelques élèves commençaient à s'endormir ; la plupart pensaient à autre chose. Il restait dix minutes, Matthieu avait perdu les trois quarts de la classe à cause de ses parenthèses mal refermées. Il fallait revenir à du concret.

« Clément, tu sors.

— Eh mais pourquoi ?! J'ai rien fait !

— Ah oui ? Et qu'est-ce que je viens de dire, là ?

— Mais j'en sais rien, moi ! Un truc sur l'brevet blanc, là, la rédaction...

— Non. Tu sors.

— Eh mais carrément pas, m'sieur ! OK, j'écoutais pas, mais j'ai rien fait pour me faire virer !

— Comment ça ?

— Bah j'ai pas mal parlé, j'ai embrouillé personne et tout. Donc je dois pas être viré.

— Parfait. Tu m'as convaincu. Tu peux rester.

— Quoi ?

— Eh oui : c'est ça, l'argumentation. Débattre. Persuader. Convaincre. Vous voyez ? Vous faites ça tout le temps.

— Nan mais attendez : c'était du mytho comme quoi vous alliez m'virer ?

— Pas un mensonge, un exemple.

— Ouais bah il était abusé, votre exemple. La vie d'ma mère, j'me voyais déjà à m'faire attraper par mon daron. »

Il s'avachit sur sa chaise en soupirant. Matthieu sourit avec le reste de la 3D. Il les avait récupérés. Trop, peut-être, se dit-il au moment où Nabil s'engouffra dans la brèche.

« Eh m'sieur, du coup, quand on dit qu'on veut garder les jardins, c'est d'l'argumentation, nan ?

— Exactement.

— Ouais donc on a juste à bien argumenter, convaincre et tout et tout et on va gagner, c'est ça ?

— C'est pas si simple, Nabil.

— Comment ça ?

— Bah il y a un projet qui est prévu, signé, lancé…

— Ouais mais les jardins, ils étaient pas prévus pour être toujours là ?

— Vous savez, le problème, c'est que dans ce genre de situation, c'est rarement les gentils qui gagnent.

— Jamais, même.

— Emma, faut jamais dire jamais ! Pas vrai, m'sieur ?

— En l'occurrence, il ne faut jamais dire toujours, surtout… »

Matthieu ne put réprimer une moue désolée. Il faudrait bien que ses élèves en viennent à comprendre ce qu'étaient réellement les déceptions sans fin du monde des adultes. Et lui avait à prendre sa part pour les y préparer au mieux. Mais en agissant de la sorte, il devenait une composante du système qu'il avait appris à abhorrer jusqu'à la nausée. Insoluble – et donc impossible à entendre pour celles et ceux qui lui faisaient face. Ils n'allaient pas le laisser s'en sortir comme ça.

« Du coup c'qu'on apprend là, débattre, justifier, machin, c'est tout pourri, nan ? Ça sert à rien, quoi.

— C'est pas ça, Asma. Mais il y a des fois où l'autorité… Bref, des fois où on ne peut rien, parce qu'en face on a des gens qui refusent d'écouter.

— Mais s'ils font ça, m'sieur, en vrai, ça va être le zbeul !

— Ouais, ils vont rien comprendre !

— Vous êtes mignons. Mais concrètement…

— Concrètement, ça veut dire quoi, m'sieur ?

— En vrai. Sur le terrain. Sur le moment. On fait quoi ? On s'enchaîne aux grilles ? On prend une pelleteuse en otage ? On plante des tentes sur place jusqu'à ce qu'ils reculent ? Vous voyez, c'est pas si simple.

— Bah en vrai, m'sieur… tout c'que vous dites, c'est bien ! On peut faire ça. Qui c'est qu'a une Quechua, là ?

— Non mais Nabil… »

La sonnerie cueillit Matthieu en plein sourire. Il avait prévu de donner un exercice de révision pour le cours suivant qu'il abandonna. Il préférait écouter Nabil et Clément, bientôt rejoints par Emma, Younès et Asma énumérer en rangeant leurs affaires toutes les personnes qui avaient déjà fait du camping dans leur entourage. Ils étaient beaux comme des idées, étourdissants de jeunesses et de suites à donner. Ce n'était pas le genre de choses qu'on pouvait abandonner.

Leurs noms

Le groupe descendait en grappes encadrées de la cité vers la ville. Pendant les travaux de la piscine du quartier, il avait été obtenu une place au stade nautique pour assurer le cycle de natation malgré tout. Il avait fallu batailler longuement pour que l'éducation prioritaire décroche des créneaux au milieu des établissements du centre-ville dans l'enceinte étincelante récemment inaugurée en grande pompe par Roberto Mas, en présence du président du conseil régional, des élus du département et d'un ancien ministre dont on avait tout oublié à part le titre et la rente qu'il garderait jusqu'à sa mort nécessairement tardive. Il faudrait voyager quatre-vingt-dix minutes pour en nager trente ; il n'était pas possible d'espérer plus. C'était une habitude qu'on avait fini par prendre à Allende : demander peu, recevoir moins encore et s'en contenter. De fait, élèves comme professeurs se dirigeaient vers l'arrêt de bus la fleur au fusil, trop heureux de s'être vu offrir un strapontin dans un lieu qui ne leur ouvrait jamais ses portes qu'à regret.

Julien n'aurait pas dû être du voyage. Pourtant, quand il avait appris que l'absence de l'un de ses collègues d'EPS condamnait la sortie à venir, il avait sans hésiter sacrifié sa demi-journée de pause. Il ne serait pas payé pour cela. Ce n'était plus un sujet depuis longtemps. Il avait d'autant moins tergiversé que la séance revêtait une importance singulière. La semaine précédente, Aliou était venu le trouver à la fin de l'heure de vie de classe qu'il animait chaque quinzaine avec les 4B. C'était la première fois depuis qu'il était arrivé au collège que l'élève osait demander quoi que ce soit à qui que ce soit. Il l'avait fait en s'excusant, les yeux plantés dans la mosaïque ébréchée du couloir.

« Je ne sais pas, Aliou… J'en ai parlé avec ta prof d'EPS… Ta professeure de sport. Tu es dans le groupe des poissons. Pas les coquillages. C'est bien, déjà, les poissons.

— Oui monsieur. Merci monsieur. Mais je voudrais les dauphins. S'il vous plaît monsieur. »

Avant sa discussion avec Claire, Julien ignorait tout de la pratique de ses collègues en matière d'apprentissage de la natation. Ils avaient pris pour habitude de baptiser les groupes de niveau de manière imagée : les dauphins, pour celles et ceux qui savaient nager ; les poissons, quand l'aide en la matière était encore régulièrement nécessaire ; les coquillages, enfin, pour les autres. Comme le lui avait expliqué sa collègue, Aliou était plein de bonne volonté, mais savait seulement éviter la noyade – pas nager. Un poisson, donc, et encore ; en rien un dauphin.

Quand il était venu le trouver, Aliou affichait un visage si résolu que Julien ne s'était pas senti en mesure de lui opposer autre chose qu'une hésitation vasouilleuse, néanmoins. D'autant qu'il était alors en pleine lecture de l'ouvrage que lui avait prêté Matthieu quelques semaines plus tôt : *Récits du bas seuil*, d'Annelise Bergmann-Zürcher. « J'ai vachement pensé à Aliou en le lisant », lui avait dit son collègue.

L'autrice avait été infirmière dans un centre d'accueil de migrants. Son témoignage était édifiant de bout en bout. Julien n'avait en effet pu penser à personne d'autre qu'à Aliou en découvrant les histoires des centaines d'anonymes noyés, violés, torturés. Quand son élève avait fermement esquissé sa requête, son professeur lui avait donc répondu avec une humilité émaillée de honte.

« Écoute Aliou : je vais voir avec Mme Plessin. Je ne te promets rien. Mais je vais essayer. Beaucoup.

— Merci, monsieur.

— De rien, Aliou. Tu devrais repartir en cours maintenant, ou tu vas être en retard.

— Oui, monsieur. Au revoir, monsieur. »

La demande d'Aliou avait abouti. Après tout, il n'y avait pour sa professeure d'EPS qu'à le laisser essayer, puis d'aviser. Elle lui avait tout de même fait faire une longueur sans assistance pour vérifier qu'il savait un tant soit peu nager. Ses mouvements étaient erratiques, sa maîtrise de la théorie clairement insuffisante pour intégrer le groupe de tête ; néanmoins, puisqu'il paraissait fermement décidé à progresser, il rattraperait sûrement le retard pris sur celles et ceux qui n'avaient en fin de compte pas tant d'avance que cela.

L'arrivée du bus fit monter l'agitation d'un cran. Les deux classes de quatrième rivalisaient d'imagination pour chahuter sans se faire attraper par leurs enseignants et les deux assistantes d'éducation détachées pour l'occasion. Claire monta la première pour valider la cinquantaine de tickets nécessaires. Les enfants qui avaient déjà un abonnement à l'année avaient été invités à l'utiliser. L'intendance du collège allait économiser 30 €. C'était une somme. Les regards des passagers oscillaient entre agacement d'avance et jugement par contumace : tant de jeunes, de tant de couleurs différentes… Jamais bon signe. Les élèves jouèrent des coudes pour se glisser partout où ils le pouvaient, bousculant, riant, criant. Julien ferma la marche après s'être assuré que personne n'était resté sur le trottoir. Ils ne pourraient pas compter les élèves avant l'arrivée ; il faudrait se fier à la seule observation de l'abribus désormais vide.

Julien eut besoin de deux arrêts pour découvrir où était Aliou. Il avait réussi à trouver l'une des rares places assises encore disponibles. À côté de lui, une vieille dame à la permanente violacée s'agrippait des deux mains à son sac, qu'elle tenait blotti contre son ventre gonflé de certitudes angoissées. Aliou osa un sourire auquel elle répondit par une grimace outrée. Le jeune garçon baissa la tête et ne bougea plus du voyage.

L'arrivée au stade nautique se fit en fanfare. Les encadrants multipliaient les rappels à l'ordre en vain, sous les regards consternés des visiteurs qui auraient bien des choses à raconter en rentrant chez eux. Heureusement, les vestiaires collectifs furent bientôt atteints, l'agitation un temps circonscrite. La piscine respira quelques minutes.

Dès la sortie des élèves, néanmoins, le vacarme reprit de plus belle. Julien en découvrit vite l'origine principale. Le slip de bain d'Aliou. On en pointait la coupe, hilares. Bientôt, heureusement, tout le monde entra dans l'eau. Aliou n'entendit plus rien d'autre que la consigne de son enseignante : nager toute une longueur sans s'aider de la ligne de flottaison. Ses camarades s'élancèrent bruyamment, rappelant au passage, entre deux éclaboussures à son visage, le ridicule de son maillot rouge.

Aliou prit le temps de réajuster son bonnet trop petit avant de s'élancer. Ses premiers mouvements furent maladroits. Il but la tasse à plusieurs reprises. Pourtant, il dépassa bientôt les premiers découragés qui s'étaient trouvé toutes sortes d'excuses en s'accrochant aux bords de la ligne. Aliou fut conspué chaque fois qu'il doublait l'un de ses camarades de ses battements mal synchronisés. Cela ne l'affecta en rien : depuis qu'il avait commencé à nager, il n'avait plus que l'eau dans les oreilles. Ses rythmes. Ses battements. Il atteignit le bout et repartit en sens inverse sans faire de pause. Il ne prêta pas attention aux exclamations de sa professeure.

Julien détacha son regard du petit bassin où les coquillages s'escrimaient à barboter avec leurs brassards en s'efforçant de ne pas s'aider du fond posé un mètre sous la surface. Il plissa les yeux pour découvrir d'où venaient les cris : sa collègue alternait entre voix et sifflet au milieu d'élèves immergés qui regardaient tous dans la même direction qu'elle. Julien confia le soin de son groupe à Sabrina et se dirigea à grandes enjambées vers l'autre extrémité de la piscine. Il rejoignit bientôt les dauphins et leur enseignante.

« Un problème ?

— Regarde ça ! Il écoute rien ! Il entend rien ! Et plus ça va, plus il boit la tasse ! Il va falloir que je plonge ou il va se noyer, ce con ! Aliou ! Aliou ! » vociférait-elle entre deux coups de sifflet.

Il n'avait pas de lunettes mais gardait les yeux ouverts sans ciller. Le chlore brûlait moins que le sel. L'eau embarquait ses larmes. Il n'avait même plus à se retenir de les verser. Ses muscles le brûlaient de plus en plus, comme ses poumons qui recrachaient de moins en moins les vagues de ses bras. La côte s'approchait et s'éloignait sans fin. Il faisait nuit, il pleuvait du brouillard et des hurlements de partout. Ça avait été comme ça, et ça le resterait toujours dans son crâne.

Les noyés à venir hurlaient leurs prénoms, pour que les survivants puissent informer les proches que l'espoir n'avait plus lieu d'être. Que le deuil impossible pouvait commencer. Jamais les voix d'Amza, de Prudence, de Safinata, d'Aya ou de Sory ne le quitteraient, alors même qu'elles n'avaient pas de visages. Elles n'étaient que des cris – ceux des noyés déjà ou de leurs mères, qui faisaient exister une dernière fois le nourrisson en jetant son nom aux abîmes puisqu'il n'aurait jamais la chance d'apprendre à le prononcer lui-même.

Il y eut une vaguelette de trop, une respiration mal ajustée, et Aliou plongea en lui. Il devina enfin son prénom crié de mille voix assourdies par les flots toujours plus épais. Il allait dormir, forcément... Et puis, si brutalement qu'il sentit un cri qu'il n'avait jamais poussé jaillir de sa gorge, la lumière revint – la douleur avec elle. Aliou jeta un coude qui heurta une mâchoire avant qu'on ne lui saisisse fermement les poignets pendant qu'il achevait de recracher les litres de chlore et de sel qu'il avait ingurgités.

« Aliou ! Calme-toi ! C'est monsieur Herrera ! Aliou ? Tu m'entends ? »

Il entendait, maintenant, mais ne voyait rien d'autre que le soleil qui descendait des baies vitrées du plafond. Des ombres autour de lui, des silhouettes – des vivants, sûrement. Cela n'avait aucune importance, pensa Aliou en fermant les yeux dans un sourire. Ils ont crié mon nom. Je n'ai pas crié mon nom. Jamais je ne vais crier mon nom. Jamais.

Foutaises

Alors qu'il avançait à grandes enjambées vers le réfectoire, Matthieu aperçut des élèves, assis en cercle au milieu des jardins. Il les salua de loin et leur demanda ce qu'ils faisaient là, en l'absence de M. Herrera.

« On fait un débat populaire, m'sieur. On a vu la Révolution française l'an dernier en histoire. Ça remue, ça chahute, c'est cool. Là, on voit Mai 68 en c'moment, alors on fait pareil pour nos jardins.

— Ça remue, ça chahute ?

— Grave ! Du bon vieux zbeul des familles, m'sieur ! »

Comme souvent, Nabil avait arraché un sourire à Matthieu et des yeux levés au ciel à Emma.

« Emma… tu n'es pas d'accord avec ce que vient de dire Nabil ?

— C'est pas ça, monsieur. C'est juste que c'est rigolo, mais que ça sert à rien, le zbeul.

— Comment ça ?

— On a vu la Révolution, oui. Et après, Napoléon. Droits des femmes par terre, l'esclavage qui revient… Là, Mai 68, c'est encore pire.

— Pourquoi ?

— Comme d'hab' : c'est pas allé au bout. Il manquait pas grand-chose, si j'ai bien compris. Mais c'est pas allé au bout. Derrière, personne a rien gagné, sauf toujours les mêmes.

— Donc tu penses que cela ne sert à rien de se mobiliser ?

— C'est pas ça. Juste que votre truc sur les élections dans quinze jours, le rassemblement avec la candidate juste avant, moi, je pense qu'on perd notre temps.

— C'est peut-être vrai ; mais est-ce que tu as mieux à proposer ?

— Moi, je suis juste une enfant. Je vous dis ce qui va pas. Et ça devrait être aux adultes de donner les solutions. Pas l'inverse. »

Matthieu n'eut plus grand-chose à opposer. Comme souvent désormais, il se trouvait écartelé entre ce qu'il pensait profondément en tant que citoyen et le discours officiel qu'il était payé pour relayer. La démocratie. L'égalité des chances. L'ascenseur social. Foutaises sur foutaises sur foutaises. Les mensonges érigés en dogmes avaient pu fonctionner sur sa génération et les précédentes parce qu'elles étaient parfaitement conditionnées, biberonnées à la soumission à l'autorité, à la déférence. Sages. Polies. Mais celles et ceux qu'il avait en face de lui n'avaient plus le temps pour cela. Ils avaient bien compris que tout était en train de péter de partout, qu'ils n'y étaient pour rien, mais qu'on leur demandait d'obéir aux responsables de la merde dans laquelle ils auraient à survivre. Ils n'avaient sûrement pas les solutions aux problèmes posés par d'autres ; comment les en blâmer ?

Il s'assit sur un banc pour les regarder un instant. Depuis quelque temps, Matthieu broyait du noir. Comment renoncer à un métier qui lui permettait de vivre ce genre d'échanges ? Et en même temps, comment réussir à en supporter davantage les conclusions ?

Les vibrations dans sa poche le firent sortir de sa rêverie. Rectorat. Jamais le rectorat n'appelait. Sauf si… Sans savoir pourquoi, Matthieu se leva avant de décrocher.

« Allô ?

— Oui bonjour, Clémence Benoît, du rectorat. Je vous appelle de la part de M. Plougastec. Je ne vous dérange pas ?

— Non, bien sûr que non.

— Je vous appelle au sujet de votre demande de rupture conventionnelle.

— Oui ?

— La commission s'est réunie et a émis un avis favorable à votre demande. Il vous est proposé un montant de 12 184 €. Est-ce que cela vous conviendrait ? »

Trop d'informations. Trop vite. Et des questions par milliers résumées en une seule, à laquelle on lui demandait de répondre d'un mot.

« Oui. Enfin, je… Oui.

— Ravie que cela vous convienne ! Il faut désormais fixer un rendez-vous avec M. Plougastec pour signer votre rupture. Seriez-vous disponible vendredi ?

— Ce vendredi ? Dans quatre jours ?

— Tout à fait !

— Eh bien… tout dépend de l'heure, parce que j'ai des cours…

— Ah, ah, oui : ça changera au 1er septembre !

— Oui…

— Donc… à 15 heures, cela vous conviendrait ? »

Matthieu visualisa son emploi du temps. Il avait seulement son heure de co-intervention en sixième avec Marie, à 16 heures. Ce serait juste.

« Je reprends à 16 heures…

— Alors ça ira : ce ne sera pas long.

— D'accord.

— Donc : vendredi 13 mai, 15 heures. Annoncez votre nom en arrivant au rectorat, et on viendra me chercher.

— D'accord.

— À vendredi, monsieur Simonin.

— À vendredi. »

Clémence raccrocha. Matthieu dut s'asseoir.

Comme même

Le salon constellé de linge à plier et de plaids à ranger résonnait des échos envoyés par l'enceinte posée sur la table basse. Assise au milieu de la cuisine mal débarrassée, Marie avait la tête prise dans ses deux mains. Des mèches fatiguées s'échappaient de ses doigts froncés. Les ongles reculaient chaque jour davantage, à mesure que le vernis craquelé qui les protégeait des dents s'étiolait. Deux copies encore. Questions, réécriture, dictée et rédaction à chaque fois – avec les appréciations à mettre, les points à compter, les compétences à remplir et l'ensemble à consigner sur Pronote. L'enfer.

Marie releva la tête et attrapa sa tasse froide entre l'index et le majeur. Le stylo rouge qui y était glissé tinta sans conviction contre l'anse maculée de taches des thés précédents – elles l'avaient emporté au fil des insomnies sur les tournées successives de lave-vaisselle dans lesquelles elles avaient été jetées. Par la baie vitrée, elle voyait son jardin hirsute la narguer de ses haies interminables et de son gazon qui n'arrêtait jamais de pousser. Il y aurait eu cela à faire aussi.

Cela attendrait. La priorité était de rendre les brevets blancs à ses collègues afin qu'ils puissent intégrer les résultats dans les bulletins à venir. Les derniers conseils de classe de l'année ne tarderaient pas pour les troisièmes : le cirque des affectations post-collège prenait un temps fou. Il fallait que les messes soient dites début juin.

Comme beaucoup de ses camarades avant lui, l'élève que Marie essayait laborieusement de déchiffrer n'avait pas compris grand-chose au sujet en général, aux consignes en particulier. La narration était à la première personne au lieu de la troisième attendue, les incohérences avec le texte source dont il s'agissait d'imaginer la suite pleuvaient sans discontinuer, les invraisemblances s'étalaient sans fin au fil des lignes. Marie se reprit la tête dans les mains. La porte d'entrée résonna de trois coups brefs avant de s'ouvrir.

« Salut !

— Salut, Camille. Alors, ça l'a fait ?

— Écoute : mes gars sont au foot jusqu'à ce que leur père les récupère et tes filles sont arrivées à bon port. Tu as le bonjour de Jeff, au passage.

— Ah super ! Merci vraiment d'avoir géré, ça m'a permis de bien avancer. Plus que deux.

— Cool ! Et c'est comment, globalement ?

— Tout pourri. Comme d'hab'.

— Ah flûte. Il était dur, le sujet ? »

Marie réfléchit un instant avant de répondre. Ce n'était pas le sujet, le problème, mais plutôt l'exercice dans son ensemble. Il réclamait de lire, beaucoup, d'écrire encore davantage et de convoquer les souvenirs de cours qui remontaient pour certains à la sixième. Rien de tout cela n'était facile pour la plupart des élèves d'Allende.

« Non, même pas. Enfin, je crois pas. Mais tu connais nos élèves...

— Tu m'étonnes. En même temps, quelle idée d'avoir proposé ton aide alors que tu n'as même pas de troisièmes ?

— Avant d'avoir commencé, je t'aurais dit que c'était normal, solidarité avec les collègues, travail d'équipe et tout ; là, j'me dis juste que j'suis vraiment trop bonne trop conne. »

Camille éclata de rire en achevant d'accrocher sa veste où elle le pouvait au milieu de l'amoncellement de manteaux qui recouvrait le perroquet de l'entrée. Marie posa son stylo et se recula sur sa chaise en prenant un air navré :

« Putain, je suis désolée, Cam'. Je te dirais bien que c'est pas comme ça d'habitude, mais c'est le contraire : désolée, c'est le merdier partout, comme toujours chez moi.

— Tu sais, je m'en fiche complètement. C'est déjà tellement adorable de m'accueillir ! Je ne vais pas commencer à critiquer le rangement et le ménage. Et puis, tu sais, à chaque fois que tu es venue à la maison, c'était prévu, donc j'avais tout briqué, c'est pour ça. Mais au quotidien, je te promets que ce n'est pas toujours clean.

— Je sais que c'est faux. Mais c'est encore plus gentil, du coup. Alors merci. »

Marie retourna vers la copie. Bientôt, elle soufflait copieusement en tournant et retournant les trois feuillets de la rédaction en quête d'un sens qui lui aurait échappé lors de ses deux premières lectures. Camille avait entrepris de se préparer un thé ; elle en proposa un à son amie.

« Le mien est gelé depuis une heure, donc je veux bien. Merci !

— De rien. Alors… c'est si catastrophique que ça ?

— En vrai, pas tout, pas tous. Ce qui est marrant, au passage, c'est que, même si les copies sont anonymisées et que je n'ai pas les classes, j'arrive à deviner lesquels ont Astrid en français et lesquels ont Matthieu.

— Ah ouais ?

— Ouais. Les élèves de Matthieu sont d'énormes quiches en grammaire. »

Camille s'étouffa dans sa tasse en éclatant de rire de nouveau. Marie leva la tête pour enchaîner le plus sérieusement du monde.

« Non, je te jure. Je sais même pas s'il a fait un cours théorique depuis la rentrée tellement ils entravent rien à ce que c'est qu'un COD ou un subjonctif.

— Ah zut. Donc ils ont de moins bonnes notes ?

— Eh bah nan, en fait. Parce qu'ils se débrouillent en rédaction et en argumentation. Alors finalement, vu le barème, ils s'en sortent même mieux.

— Ah oui ? Bon. Et c'est un élève de Matthieu que tu corriges, là ?

— Honnêtement, je crois pas, mais j'en sais rien. J'ai l'impression que c'est du Bryan ou du Yacoub dans le texte tellement c'est n'imp' !

— À ce point-là ? »

Marie haussa un sourcil ; Camille réclamait une preuve : il s'agissait de ne pas la décevoir.

« Bah écoute, tu vas me dire. C'est la suite de l'extrait d'*Au Revoir là-haut*, quand le héros est enterré par un obus et qu'il est en train de crever enseveli.

— La scène avec le cheval ?

— C'est ça. Donc Première Guerre mondiale, poilus, tranchées, tout ça. T'es prête ?

— Je ne suis pas sûre.

— Crois-moi, tu l'es pas. Je te lis quand même : “Alors je me dit que sa serait comme même abusé de mourir alors je force pour attrapé mon portable et j'appelle pour qu'on vient m'aider et on vient mais au même moment quant on vient j'ai plus de réseau et l'hélicoptère passe au-dessus sans s'arrêter et il entend pas que je crie rapport au bruit des hélice mais ses pas grave je me dit je vais rappeler comme même mais là mon tél s'éteind parce qu'il a pu de batterie et le cheval est là et...”

— Oh mon Dieu.

— Laisse Dieu tranquille. Même lui il ne mérite pas d'être associé à ça. »

Camille s'esclaffa une fois de plus. Ce n'était pas très gentil pour l'élève en question. Mais, d'une part, elle ne saurait jamais de qui il s'agissait, et de l'autre, cela ne sortirait jamais de la cuisine de son amie. Accessoirement, cela lui faisait un bien fou. Marie attendit que la CPE ait fini de rire pour brandir la copie.

« Rigole, rigole. À l'oral, t'as pas l'orthographe en plus. En attendant, comment je note un truc pareil, moi ? Pfff…

— Allez, courage : tu as bientôt fini. Dans deux copies…

— Apéro ?

— Un mercredi ? Tu crois ?

— Non, je crois pas. Mais c'est pas tous les jours que je fais une soirée copines à la maison sans les filles. Alors comme même… »

Marie sourit elle-même à sa blague. Pourtant, elle sentit que le cœur n'y était pas. Depuis qu'elle avait commencé à corriger, elle n'arrivait pas à chasser de sa tête l'idée qu'il s'agissait peut-être de la dernière fois où elle aurait à observer le travail d'élèves de Matthieu. Huit ans qu'ils bossaient ensemble, partageaient les projets, les luttes, les conseils. Dès septembre, il pourrait n'être plus là, un autre l'avoir remplacé. C'était possible. Probable, même, de plus en plus. Mais Marie ne voulait pas l'envisager. Elle en était de toute façon incapable.

Irruption

Matthieu attendit d'être parfaitement prêt à sortir de la maison pour en refermer les portes-fenêtres. La chaleur qui s'était installée depuis une semaine rendait les rares courants d'air qu'il pouvait initier indispensables. Il pensait à Emma, à Clément, à Nabil et à tous les autres, coincés pour la plupart dans des appartements ridiculement exigus, à l'isolation inexistante. Tout le monde n'avait pas sa chance. Il attrapa ses solaires, enfila une casquette et jeta son sac à dos sur son T-shirt déjà moite.

Julien avait repris la main pour organiser la mobilisation devant le collège et inviter la presse. Son communiqué rappelait l'iniquité du projet, le préjudice aux élèves, les promesses non tenues du maire, les menaces des édiles académiques et tout ce que les enfants et l'équipe avaient mis en œuvre depuis janvier pour empêcher la bétonnisation. Il avait en outre précisé que tous les élus avaient été invités. Il s'agissait de la dernière soirée avant la trêve électorale et les journalistes cherchaient un ultime os à ronger. C'était en tout cas ce sur quoi Julien avait misé. La météo était allée dans son sens : puisque la canicule s'installait dès la fin du mois de mai, comment ne pas considérer qu'un jardin était préférable à la même étendue goudronnée ?

Quand Matthieu arriva devant le collège, plusieurs dizaines de personnes étaient déjà réunies. Les collègues avaient différé leur entrée en week-end, les élèves étaient nombreux. C'était beau à voir. Matthieu jeta un œil sur l'assemblée : Marie était là, bien sûr, de même que Yann et Camille. Leur cheffe était pour sa part aux abonnées absentes ainsi qu'elle l'avait annoncé : à quelques mois de la retraite, Liliane n'allait pas commencer à prendre des risques. D'autant qu'elle avait bien peu goûté l'installation de ce qui se dressait désormais au milieu des jardins : le village détente.

La salle des profs avait d'abord écouté les plans sur la comète de Nabil avec un amusement vaguement condescendant – d'autant qu'il avait tôt été rejoint par Bryan et Yacoub, qui avaient passé les récréations suivantes à demander à toutes celles et tous ceux qu'ils croisaient : « Qui qu'a une Quechua ? T'as une Quechua, toi ? » Mais, la semaine précédente, Matthieu avait vu une délégation on ne peut plus officielle venir à la rencontre des enseignants. Emma en était l'ambassadrice. Elle avait su trouver les mots justes. Elle avait expliqué que, en lien avec le chapitre sur le land art qu'ils étudiaient en arts plastiques, ils souhaitaient réaliser une installation sur la sédentarité et le nomadisme. Ils allaient donc planter des tentes dans les jardins du collège – ils en avaient déjà réuni six. Pour que leur projet prenne de l'ampleur, ils souhaitaient que des adultes suivent leur démarche. M. Herrera avait déjà dit oui, Mme Grandais aussi – mais il fallait d'abord qu'elle retrouve sa tente deux secondes dans le bazar de son garage, avait-elle ajouté. Comme aucun collègue n'osait le faire, Matthieu avait endossé le costume de l'adulte rabat-joie.

« Emma, c'est une super initiative ; mais quand le département saura, ils feront enlever les tentes dans la journée.

— Et pourquoi ? Rien à voir avec la lutte pour les jardins. C'est un projet pédagogique en lien avec le programme de troisième. On est plusieurs à vouloir le présenter à l'oral du brevet, pour le parcours artistique. On ne va pas nous empêcher de travailler sérieusement, quand même ! »

L'élève avait arboré une moue mutine. Présentée sous cet angle, l'initiative était inattaquable. C'était d'ailleurs ce qui avait achevé de convaincre les plus frileux des collègues de leur emboîter le pas. La prof de géo avait réalisé des panneaux topographiques désormais plantés entre le noisetier et les pommiers pour cartographier le lieu ; en latin, on avait imaginé un site archéologique qui avait abouti sur un faux chantier de fouilles ; en arts plastiques, enfin, on avait déposé les sculptures réalisées depuis le début de l'année aux quatre coins des jardins. L'ensemble avait été fabriqué en classe, puis installé et inauguré sur place le dimanche suivant. La date avait été choisie et le secret gardé à dessein : ce week-end-là, Liliane était absente. L'inauguration eut donc lieu autour d'un pique-nique sans élèves, afin que personne ne puisse leur reprocher quoi que ce soit. Quand la principale avait regagné son logement de fonction, elle avait visiblement peu apprécié la surprise.

« Elle faisait vilain, la Liliane, moi j'te l'dis. Elle savait pas qu'j'étais là, ou p't'être qu'elle s'en foutait. Mais en tout cas, moi, j'l'entendais gueuler dehors depuis ma cuisine », avait raconté Gérard le lendemain. Matthieu et lui en avaient copieusement rigolé tous les deux. Depuis, d'autres tentes avaient discrètement rejoint les premières au gré des jours. Matthieu avait planté la sienne pendant la dernière réunion de direction. Il s'était même payé le luxe de choisir avec soin son emplacement : un peu ombragé grâce aux pommiers déjà grands, mais pas trop, juste en dessous des fenêtres de sa cheffe, surtout, avec vue imprenable sur le chantier de la maison des sports. Un bien bel endroit.

Matthieu quitta son installation des yeux et s'approcha de Julien, qui circulait de groupe en groupe pour grappiller quelques signatures en plus pour sa pétition.

« Besoin d'aide ?

— Ah t'es là ! C'est cool que t'aies pu te libérer !

— C'est cool que t'aies organisé ça, surtout. Delhuisserie va venir ?

— Elle est déjà arrivée. C'est facile de la repérer : t'as juste à suivre les micros et les caméras. »

Paule Delhuisserie était en train de répondre aux questions de journalistes empressés d'avoir l'ultime saillie de campagne de la seule candidate disponible pour leur édition du soir. Elle s'y prêtait avec une évidente gourmandise, ravie de constater que, pour une fois, Roberto n'avait pas jugé opportun de venir lui faire de l'ombre. En observant les déambulations rehaussées de sourires et de mains tendues de la candidate, Matthieu se revit lors de son dernier cours avec les troisièmes. La fin de la correction du brevet blanc avait lancé une discussion sur l'argumentation en général, puis l'éloquence et, finalement, la politique.

« Monsieur, vous parlez des hommes politiques pour l'argumentation ; mais c'est quoi, la différence entre la gauche et la droite ?

— Les gens de gauche pensent que c'est la solidarité qui est importante. Donc si on n'est pas malade, on paie pour ceux qui sont malades ; si on a du travail, on paie pour ceux qui sont au chômage ; si on n'a pas d'enfants, on paie pour que ceux qui en ont puissent les envoyer à l'école.

— Ah ouais ! C'est vachement bien, ça !

— Pour la droite, on a ce qu'on mérite : on a fait des efforts, donc c'est normal d'être plus récompensé que ceux qui n'en font pas. On travaille plus ? On gagne plus. Si quelqu'un a une vie pourrie et ne se remue pas, tant pis pour lui.

— Ah mais c'est bien, ça aussi ! Et vous, vous en pensez quoi ? »

Matthieu n'avait pu faire l'économie d'un sourire. La question revenait d'une manière ou d'une autre quasi systématiquement en troisième. Il avait déjà sa réponse toute faite :

« Je ne suis pas là pour vous dire ce que je pense, et encore moins pour que vous pensiez comme moi ; je suis là pour que vous vous fassiez votre avis, et que vous soyez capables de le défendre. Je préfère un élève qui n'est pas d'accord avec ce que je pense et peut m'expliquer pourquoi qu'un autre qui partage mon point de vue mais ne sait pas argumenter. »

Pourtant, cette fois-là, il s'était senti mal à l'aise. Il ne s'agissait pas que de cela. Il y avait désormais des dizaines de descendants du fascisme qui s'apprêtaient selon les dernières estimations à représenter très officiellement l'État et sa population. Ce n'était plus seulement un marqueur politique, mais idéologique. C'était ce qu'il avait dès lors essayé de leur expliquer quand ils avaient enchaîné sur le sujet :

« Mais m'sieur… l'extrême droite et l'extrême gauche alors, c'est à droite et à gauche ou ça se ressemble ? Parce que c'est ce que j'ai entendu hier.

— Les extrêmes se rejoignent, c'est ça ?

— Oui, carrément ! La même phrase que ça ! Alors ? C'est vrai ?

— Pas du tout. Les deux sont opposés. Chacun d'un côté de l'hémicycle. Et ce n'est pas un cercle, donc ça ne se rejoint pas.

— Mais alors pourquoi les journalistes disent ça ? C'est de la manipulation, c'est ça ?

— Je crois que c'est plutôt de la paresse. De la facilité, peut-être.

— Donc l'extrême droite, c'est à droite de la droite, et l'extrême gauche, c'est à gauche de la gauche, c'est ça ?

— C'est ça.

— Et vous voulez pas nous dire ce qui est mieux non plus entre les deux, m'sieur ?

— Nan mais Nabil, tu comprends rien ou quoi ? C'est pas qu'il veut pas, c'est qu'il peut pas. Il a pas le droit.

— Écoute Emma : pour une fois, tu n'as pas tout à fait raison.

— Quoi ? Vous avez le droit de nous dire quoi voter ?

— Non. Mais j'ai le devoir de vous expliquer ce qui peut menacer vos droits et vos libertés. Parce que je représente l'État. Pas un parti politique, pas un candidat : l'État. Et l'extrême droite menace l'État.

— Mouais. Si c'était vrai, on les laisserait pas se présenter aux élections.

— Et à votre avis, comment les dictateurs arrivent au pouvoir ? »

Matthieu quitta ses souvenirs pour revenir à ce qui se déroulait sous ses yeux. Le moment des discours officiels était venu. Les crépitements de la sono mal réglée firent sortir Matthieu de ses pensées. La collègue d'éducation musicale avait exceptionnellement accepté de faire prendre l'air à son matériel. Julien prit la parole pour dresser un état des lieux de la mobilisation et remercier celles et ceux qui s'étaient rendus disponibles. Il proposa à Paule de prendre la parole. Celle-ci fit semblant d'hésiter, puis d'accepter à son corps défendant devant l'insistance des personnes présentes.

« Merci à Julien et à toute l'équipe du collège Allende pour leur invitation. Je ne suis pas là pour faire de la politique, mais... Oui, vous me voyez venir, je sais. Bon. En effet, je suis une élue de l'opposition, et candidate à la députation ce dimanche. Je ne vais pas vous dire que je ne viens pas solliciter vos voix, ce serait malhonnête – d'autant que, vu les derniers sondages, je suis loin d'être favorite... Mais ce qui compte, c'est surtout pourquoi je suis là ce jour en particulier. Dimanche, vous irez voter, ou pas. Peut-être vous dites-vous que ça ne change pas grand-chose, une députée. En tout cas, pas grand-chose pour vous. Mais je vous l'annonce solennellement, devant les micros – et contrairement à d'autres dont je tairai le nom, je n'aurai pas peur d'assumer ce que j'aurai pu dire et qui aura pu être enregistré... Bref. Je vous promets que si je suis élue, après mon intronisation officielle à Paris, mon premier déplacement quand je reviendrai dans ma circonscription sera pour le collège Allende. J'irai voir le maire, la Dasen, la rectrice, le président du conseil départemental, et je ferai valoir ma position pour mettre un terme à ce projet rétrograde et délétère. Je serai là pour aider à sauver vos jardins. Et croyez-moi : vu ce que je sais des élus concernés et ce qu'il en est du dossier, j'aurai gain de cause. Vous avez ma parole. »

Les mots firent forte impression sur l'auditoire. Les journalistes remplirent leurs calepins tandis que le public applaudissait à tout rompre. Julien jeta un regard surpris et satisfait à Matthieu tout en participant à l'ovation générale. Il n'en attendait pas tant. Matthieu non plus. Pourtant, il savait que le soulèvement ne viendrait pas des urnes. Il ne suivrait pas davantage les résultats à venir, quels qu'ils soient. Mais il y avait les jardins. Et un infime espoir supplémentaire pour eux. Quitte à partir du collège, Matthieu voterait Paule Delhuisserie avant. Tant pis si elle n'était pas élue. Ou si elle ne tenait pas parole. Ses collègues et lui auraient définitivement tout essayé.

R. A. F.

Matthieu avait été missionné par Yann pour récupérer les ultimes autorisations parentales des 3D en vue du séjour de révision du brevet à venir.

« Alors. Je crois que c'est bon pour tout le monde. Vous avez des questions sur le séjour ?

— C'est vrai qu'on va faire du sport tous les jours ?

— Oui, Matthis : révisions le matin, EPS l'après-midi.

— C'est bon ça ! Et c'est quoi comme cours ?

— Quatre heures de maths, quatre heures d'histoire, quatre heures de français. »

Le soupir fut général.

« Ne vous plaignez pas, on vous a fait cadeau de la techno, des SVT et de la physique-chimie.

— Pour les chambres, on sera avec qui on veut ? intervint Asma.

— Dans la mesure du possible, oui. En fonction des vœux que vous avez formulés. Votre professeur principal a fait la composition lui-même. Si j'ai bien compris, il a réussi à satisfaire à peu près toutes vos demandes. »

La sonnerie retentit. Matthieu souhaita bon courage à ses élèves pour la suite de leur journée. La plupart le remercièrent ; Emma se contenta de lever ses deux pouces en faisant la grimace avant de sortir. Tandis qu'il rangeait ses affaires en souriant des mines de son élève, Matthieu entendit frapper à la porte ouverte. Dans l'embrasure se tenait Marie.

« Je te dérange pas ?

— Non, non, vas-y, entre. Tout va bien ?

— Pas vraiment. »

Matthieu arrêta ce qu'il était en train de faire en voyant les yeux déjà rougis de sa collègue. Il l'interrogea du regard.

« Ça t'embête si je ferme la porte ?

— Non, bien sûr que non, pas de problème. Qu'est-ce qu'il se passe ? »

Marie s'exécuta et resta une seconde à lui tourner le dos, la main posée sur la poignée. Quand elle se retourna, elle pleurait en silence, les yeux baissés. Matthieu s'avança vers elle ; Marie l'arrêta d'un geste en lui opposant sa paume, avant de planter son regard fermé dans le sien.

« J'avais prévu de venir te parler d'Aliou. Tu sais qu'il est parti ?

— Ah non. Ça doit faire quinze jours, trois semaines que je l'ai pas vu en AP, mais je croyais que c'était parce qu'il avait bien progressé en français que Camille ne me l'envoyait plus. Il est parti quand ?

— La semaine dernière. Il voulait vraiment pas. Mais ses éducateurs lui ont trouvé une place chez les Apprentis d'Auteuil. C'est à l'autre bout du département, il en avait envie comme de se pendre, mais on lui a bien fait comprendre que c'était une chance pour lui, qu'il aurait vite un travail, et que, dans sa situation, c'était une proposition qu'il ne pouvait pas refuser. Alors il a accepté, forcément.

— Merde.

— Ouais, merde. Mais y a pas que ça. J'ai croisé la cheffe en montant. Ça t'aurait fait chier de m'envoyer un message pour me prévenir que tu te barrais définitivement au lieu que je l'apprenne par l'autre conne de Liliane ? »

Matthieu ne lui avait jamais connu un tel regard.

« Marie, je suis désolé…

— Nan mais tu t'en fous de nous ? De moi ? Tout ce qu'on a fait ensemble, les merdes qu'on a eu à se taper, les soirs à chialer dans les bras les uns des autres, tout ça, ça valait pas un putain de texto ?

— Je suis désolé. Je suis… Je suis vraiment désolé, Marie.

— C'est pas assez, Matt – je suis désolée aussi, mais c'est pas assez du tout. On en avait causé, de tout ça, de tes démarches et de tes rencards au rectorat. Ça me tordait le bide mais je t'ai soutenu, parce que je respectais ton choix. Mais finalement, tout ce temps-là, t'en avais rien à foutre en fait.

— Marie, je te promets que non. Jusqu'au bout j'ai hésité. Même là, encore, alors que c'est trop tard. Pour plein de raisons. Mais dis pas que j'en ai rien à foutre. Tu sais bien que non.

— Non, je sais pas, je te jure ! Je croyais savoir, mais là, je me sens juste débile de t'avoir cru. »

Matthieu avait déjà les larmes aux yeux lui aussi. Il s'empêcha d'ouvrir les vannes : en plus de tout le reste, il n'allait pas lui voler sa tristesse.

« Je voulais te l'annoncer en face. C'était sûrement con, parce que les nouvelles vont vite. Je ne l'ai dit à personne encore au collège. Ni à Yann, ni à Julien. J'avais oublié que l'administration serait prévenue directement par le rectorat. Je suis désolé.

— Tu peux. Je te jure que tu peux…

— Je me barre pour sauver ma peau, tu le sais bien. Et si vous n'aviez pas été là, je serais parti il y a un bail. Ça me tord le bide aussi, t'as pas idée. J'ai enchaîné les étapes les unes après les autres sans vraiment calculer. Je crois que j'ai même pas encore compris que c'était vraiment fini, cette fois-ci. Je me suis mis en pilote automatique pour pas avoir à y penser concrètement. Ne plus vous voir tous les jours, ne plus préparer des projets avec vous ni déconner à la pause… Pour l'instant, j'y arrive pas. J'arrive pas à affronter ça. Mais pour ma défense, souviens-toi de ce que tu m'avais dit quand je t'avais raconté que je m'en voulais de pas avoir autant de courage que toi : "C'est normal que tu sois lâche : t'es un homme, après tout." »

Marie émit un petit gloussement nerveux avant de fondre en larmes de plus belle. Matthieu s'approcha de nouveau. Cette fois, elle ne fit pas un geste pour le repousser. Il la prit doucement dans ses bras. Elle finit par lui rendre son étreinte. Ils restèrent un moment ainsi. Marie pleurait et n'arrêtait pas de répéter :

« Tu fais chier Matthieu. Vraiment tu fais chier. »

Anarchie

Le maillet s'escrimait dans un bruit de caoutchouc rebondissant. La sardine tremblotait ses résistances. Accroupi au-dessus et déjà en sueur, Yann soupirait en tirant la langue.

« J'ai l'impression que plus ça va, pire c'est. Déjà que celles d'avant, c'était pas simple, mais là...

— Quelle idée aussi d'avoir pris une familiale !

— J'avais rien d'autre en stock. Avec les trois loulous, quand on part, il faut minimum trois chambres...

— Au moins, on pourra pas la louper : elle prend la moitié de l'allée, ta machine.

— Mouais. Si j'arrive à finir de la planter. La terre est sèche, purée !

— Début juin, normalement, non. Mais va falloir s'y habituer...

— Je crois bien.

— En attendant, c'est encore superficiel, la sécheresse. Si tu forces un peu, tu vas arriver en dessous de la surface, ce sera plus humide. Plus facile. Au pire, prends une des pierres autour des fruitiers, là.

Ça devrait mieux marcher que ton truc en pneu, là, rapport au poids », avait conseillé Julien avant de se remettre à son paillage.

Avec les températures annoncées, il fallait tout faire pour éviter que le peu d'humidité garanti par les arrosages nocturnes au compte-gouttes s'évapore des cultures balbutiantes. Yann finit par se redresser et contempler son œuvre les poings sur les hanches :

« Bon. C'est pas parfait, mais c'est fait. »

Julien suivit son regard : derrière la tente de Matthieu, sous les fenêtres du logement de fonction de Liliane, se dressait désormais un monstre de toile et d'arceaux arrondis. La structure était si imposante qu'on pouvait y tenir debout, et y dresser à l'abri une table pour huit personnes sous l'avancée. Julien éclata de rire :

« Quand on s'y met tous, on est sacrément cons, quand même…

— C'est pour ça qu'il faut s'y mettre tous, comme dirait Matt. »

Yann regarda sa montre : 17 heures. Il était grand temps de s'éclipser.

« Bon, je file prendre une douche chez moi avant de revenir.

— C'est à quelle heure, ton conseil, déjà ?

— 18 h 30.

— Ah merde. Faut que j'arrête aussi alors si je veux pas sentir le rat crevé et vous empester pendant une heure et demie. »

Tandis que son collègue enfourchait son vélo, Julien s'appliquait à rassembler les outils pour les ranger dans la remise. Celle-ci n'en était pas vraiment une ; il s'agissait de la chaufferie du collège, attenante aux logements de fonction.

Il chargea ce qu'il avait utilisé dans la brouette grinçante et rouillée qu'il avait toujours connue et se mit en route. Il contourna la butte désormais protégée et l'allée de framboisiers qui attendait de l'être correctement. En passant devant le mûrier qui essayait de pousser de nouveau au milieu de la bande de gazon qui menait à la chaufferie, Julien repensa à la conversation qu'il avait eue exactement au même endroit un an plus tôt avec Matthieu. C'était l'arbuste solitaire qui, justement, avait lancé l'échange.

« Qu'est-ce qu'il fait là tout seul, lui ? C'est quoi ? Un framboisier ?

— Un mûrier. Il a poussé là, cette année. J'ai hésité à le replanter ailleurs à cause de Gérard.

— Pourquoi ?

— Bah ça le fait râler de devoir contourner avec le tracteur-tondeuse. Et des fois, il oublie. C'est un survivant, le mûrier : il s'est déjà pris des bons gros coups de lames dans la gueule ! Mais il repousse, tu vois. De toute façon, c'est le bordel, les jardins. Ça pousse de partout et je suis pas assez rigoureux pour organiser ça comme il faudrait.

— T'as pas assez de temps, surtout. Et t'en passes déjà beaucoup ici.

— Mouais. De toute façon, les gamins ont pas voulu que je le bouge, l'arbuste.

— Ah ouais ?

— Ouais. Ça les fait marrer, que ça pousse un peu dans tous les sens. Et puis ça amène des discussions sur les graines, le pollen, les abeilles, tout ça. Donc finalement, bon. »

Pendant qu'il luttait pour l'emporter sur les mécanismes endoloris du cadenas hors d'âge qui veillait sur la remise, Julien se souvint parfaitement du regard qu'avait alors arboré son collègue. Il avait appris à le reconnaître, ce regard, et les fossettes frémissantes qui l'accompagnaient avec. Matthieu s'apprêtait à balancer l'une des grandes théories dont il avait le secret.

« C'est l'anarchie, tes jardins, en fait.

— Comment ça ?

— C'est de la politique, finalement.

— Ah, ah, au moins ça !

— Marre-toi si tu veux, mais c'est exactement ça : de la politique. Une organisation de société, une vision. C'est géré, et même vachement plus que notre pays. Sauf que c'est pas vertical, comme gestion. C'est horizontal de bout en bout, et ça vient toujours de la base.

— Pas de pouvoir, quoi. Tout le monde à égalité.

— Ah bah nan, sinon ça marcherait pas. Tout se vaudrait, aucune décision serait prise et là, pour le coup, ce serait vraiment le bordel.

— OK. Tu m'as paumé.

— T'es le pouvoir, toi.

— Ah carrément !

— Carrément. Sauf que c'est les gosses qui te le donnent, le pouvoir. En venant au club. En respectant ce que tu leur dis parce que tu pars de ce qu'ils veulent et racontent, eux. S'ils sont saoulés, ils ne viennent plus, le club dégage, et ton petit pouvoir avec. C'est aussi simple que ça. De l'anarchie, mais de la vraie. Et c'est ça, les jardins. Tes jardins.

— Nos jardins.

— Nos jardins. »

La lumière et la chaleur assaillaient sans discontinuer la chaufferie à travers ses carreaux brisés. Le tuyau d'arrosage sans cesse rafistolé à coups de scotch et de rustines gouttait comme à son habitude dans son coin. Julien se contenta de poser la brouette au milieu, sans en vider le contenu. Il en aurait de nouveau besoin le lendemain. Il tenta en vain de resserrer le robinet et ressortit pour aller se laver enfin. Tandis qu'il achevait de fermer la porte, il entendait les fuites se poursuivre. Dans son dos, le soleil était parti à l'assaut de ses omoplates détrempées. Il faudrait encore attendre deux bonnes heures avant qu'il ne passe derrière les trois étages de la maison des sports.

Quand Julien arriva en salle de réunion, il tomba directement sur Yann, installé derrière le PC central, entouré de pochettes et de feuilles méthodiquement entassées.

« Prêt ? T'as besoin de quelque chose ?

— Si tu veux bien prendre la pile de fiches-navettes et les remplir au fur et à mesure, je veux bien.

— Pas de problème. Rappelle-moi : je mets juste "Accord" ou "Refus" en face des vœux des familles, c'est ça ?

— C'est ça.

— Bon. Même moi, je devrais m'en sortir.

— Mais oui. Et puis… j'aurais bien confié ça à quelqu'un d'autre, mais t'es le premier à me proposer un coup de main. »

Yann avait achevé sa phrase d'un coup de menton dans la direction opposée avant de se replonger dans ses appréciations du troisième trimestre. En prolongeant le geste du professeur principal, Julien était tombé sur une silhouette consciencieusement appliquée à regarder son portable. Il se mit à chuchoter en se retournant vers Yann.

« Putain mais qu'est-ce qu'elle fout là, elle ?

— Aucune idée. Première fois que je la vois à un conseil de classe.

— Les docs peuvent venir ? Je savais même pas.

— En tant que professeurs documentalistes, c'est des profs, donc oui. Contrairement à nous, ils sont pas obligés. Mais ils peuvent.

— Ah OK. Mais pourquoi elle est venue pour les 3D, l'autre ?

— J'en sais rien. Mais la connaissant, c'est pas bon signe… »

Le reste des collègues arriva bientôt. Camille s'assit à la droite de Yann. Julien se réjouit de la voir : elle semblait avoir retrouvé sa bonne humeur. Liliane fit son entrée, entourée des représentants des parents d'élèves. Puis ce fut le tour de Matthieu, en grande conversation avec Nabil et Emma, les deux délégués. Quand le professeur releva la tête, il découvrit Agnès en train de lui faire coucou d'une vague de doigts osseux tout juste manucurés. Matthieu perdit son sourire. Il laissa les élèves gagner leurs sièges et s'assit à côté de Julien.

« Putain mais… c'est quoi, ça ?

— Aucune idée. On en discutait justement. On ne sait pas.

— On sait pas, mais ça fait chier.

— Les gars, vous pourriez être un peu plus discrets ? Ce n'est pas que je ne sois pas d'accord, mais les parents ne sont pas loin. »

Deux gosses rappelés à l'ordre par la CPE. Matthieu et Julien se regardèrent en pouffant, faussement gênés. Yann se leva pour aller fermer la porte : le conseil de classe des 3D pouvait commencer.

Liliane lança les hostilités avec son préambule habituel :

« Bienvenue à toutes et tous. Merci de vous être rendus disponibles pour ce dernier conseil de classe de l'année pour la 3e D. Je remercie en particulier les parents d'élèves ici présents. Vous le savez, je suis très attachée… »

Matthieu cessa d'écouter la logorrhée de sa cheffe pour observer l'assemblée. Liliane était à côté de Camille, sur la même ligne que Julien, Yann et lui. Il n'aurait pas à croiser son regard s'il ne le souhaitait pas. Parfait. Agnès était là : il y aurait sûrement du grabuge. Dans ce genre de situations, il était rarement du même avis que sa principale.

L'année passée, le ton était monté plus que de raison lors d'un autre conseil de classe. Matthieu avait mis Liliane en face de ses contradictions quant à la prise en charge d'une élève harcelée. Pas pour le plaisir ; uniquement parce qu'il n'avait pas supporté le double langage que sa cheffe avait alors tenu devant les parents. Il était intervenu, Liliane avait demandé de clore le sujet. Matthieu avait refusé. Mais face aux regards baissés des collègues, il avait rangé ses affaires et quitté la salle sans claquer la porte. Liliane l'avait convoqué le lendemain ; il ne s'était pas présenté. Les choses en étaient restées là avec elle, et il avait trouvé les solutions pour l'élève avec Camille et Yann.

« Bien. Si tout le monde est prêt, nous allons pouvoir commencer le cas par cas, sauf si l'un d'entre vous a quelque chose à dire en introduction sur la classe. Non ? Personne ? Très bien. Alors… Allard Clément. »

Agnès était sur la même ligne que les délégués, à droite du U au centre duquel se tenait Matthieu. Il l'avait dans le viseur, et son sourire bien trop large avec elle. Il choisit de se concentrer sur ce qui était en train d'être dit en attendant de comprendre ce que les deux étaient venus faire là.

« Bon. Clément demande une filière professionnelle. En même temps, au vu de ses résultats, je pense que personne ici n'insistera pour l'envoyer en générale », ironisa-t-elle.

Agnès gloussa son approbation.

« Excusez-moi, mais je ne trouve pas ça drôle. Clément a des difficultés de travail et de comportement, mais son projet d'orientation est solide. Il a fait un excellent stage en restauration.

— Mais je n'ai pas dit autre chose, Matthieu.

— Moi, en tout cas, je ne l'ai jamais vu au CDI : les livres doivent lui faire peur !

— Détrompe-toi, Agnès : c'est un grand lecteur. Il est passionné par l'astronomie et l'intelligence artificielle, et je lui ai prêté plusieurs bouquins de SF qu'il a adorés.

— Ah bah, si vous commencez à faire mon travail à ma place, monsieur Simonin !

— Il faut bien que quelqu'un le fasse. »

Agnès se renfrogna brièvement. Liliane choisit de passer à l'élève suivante sans attendre.

« Alors… Emma Alzuhur.

— On dit "Al-zou-hour", madame.

— Ah. Pardon, Emma. Tu sais que tu peux sortir si tu le souhaites le temps que nous évoquions ton cas. Tu es ici en tant que déléguée, pas en tant qu'élève.

— Merci, mais je préfère rester.

— C'est toi qui décides. Alors... Emma demande une seconde générale. C'est bien cela, monsieur Troadec ?

— Tout à fait, confirma Yann. Et eu égard à ses résultats, je pense que personne ne s'y opposera. Puisque son bulletin est comme d'habitude irréprochable, je propose même de lui accorder les félicitations. Emma ne les a jamais obtenues depuis la sixième à cause de son manque de participation. Mais je pense qu'elle les mérite, ne serait-ce que pour la récompenser pour son attitude et son investissement au sein du collège.

— Je n'y vois pas d'objection. Personne ne s'y oppose ?

— Excusez-moi, je risque peut-être de plomber l'ambiance, mais pour moi, c'est non. »

La mine outrée de Nabil se tourna sans un mot vers sa camarade. Emma regardait la table en soupirant. Matthieu comprit alors : Agnès n'avait pris la peine de se déplacer que pour ce moment-là. Elle ne pouvait pas supporter Emma, encore moins ce qu'elle représentait. L'aversion était réciproque. Matthieu avait demandé en début d'année à son élève pourquoi, alors qu'elle lisait tant, elle fréquentait si peu le CDI.

« Si, j'y vais, mais j'y reste pas. J'emprunte, je rends, je pars.

— Et pourquoi ? Tu ne t'y sens pas bien ?

— C'est pas le lieu, le problème. Quand j'étais en sixième, c'était monsieur Sieper au CDI, et j'y étais tout le temps.

— Tu ne t'entends pas avec madame Hartmann ?

— Pourquoi ? Vous, si ? »

Matthieu avait ensuite découvert qu'Emma avait été prise en grippe par sa collègue dès son arrivée à cause de son franc-parler et de ses convictions. Au moment des affrontements en lien avec les tenues des collégiennes, Emma avait même été interdite de CDI, « jusqu'à ce qu'elle s'habille correctement, et pas juste pour aguicher tous ceux qui passent ». Il avait fallu l'intervention du bout des lèvres de Liliane pour que la sanction soit levée ; les choses n'étaient jamais vraiment rentrées dans l'ordre.

« Madame Hartmann ? Vous pouvez nous expliquer ce qui motive votre décision ?

— Avec plaisir, madame Havas. Je suis désolée, ce n'est pas contre toi, Emma, mais tu as des propos trop préoccupants pour qu'on te félicite. Je te l'ai déjà dit gentiment plusieurs fois, mais il faut croire que tu as la tête dure ! gloussa-t-elle en regardant la déléguée.

— Avez-vous des exemples précis à nous donner ?

— Oh que oui ! Déjà, Emma emprunte toujours des mangas, mais refuse de participer au Prix Manga !

— Mais ce n'est pas obligatoire, si ? tenta la principale.

— Non. Mais ça montre un manque de bonne volonté. Ensuite, en début d'année, quand nous avons organisé l'exposition sur la Première Guerre mondiale avec leur professeur d'histoire-géographie au CDI, en lien avec les commémorations du 11 Novembre, je l'ai très nettement entendue critiquer l'armée. Ça, plus ce qu'elle a dit sur le retour de l'uniforme à l'école...

— Qu'a-t-elle dit, madame Hartmann ?

— Qu'elle préférait s'habiller comme une pute que comme un nazi, voilà ce qu'elle a dit ! »

Les trois quarts de l'assistance éclatèrent de rire en même temps. Pas Agnès. Ni Liliane.

« C'est vrai que tu as dit ça, Emma ?

— En tant que déléguée, je peux vous assurer que si l'élève a dit ça, c'était dans la cour de récréation. Elle ne se serait jamais permis de dire ce genre de choses dans le si joli CDI de madame Hartmann. Et elle sera désolée d'apprendre qu'elle a offusqué la professeure-documentaliste du collège Allende.

— Vous voyez ! Vous voyez comme elle est insolente ! Et vous voulez récompenser... ça ?!

— Oh, Agnès, c'est peut-être pas si grave, si ? On a tous rigolé. C'est pas bien, mais ça ne justifie pas de la priver de félicitations, intervint Matthieu.

— Évidemment que ça ne te choque pas, toi ! Avec ce que tu leur mets dans le crâne dans tes cours de français...

— Pardon ?

— Bref. On n'est pas là pour savoir si c'est bien d'apprendre aux élèves à devenir des black blocs – même si moi, contrairement à d'autres, je pense que non. Les félicitations sont bien décernées à l'unanimité, non ? Je me trompe, madame Havas ?

— Non, non, c'est bien ça.

— Alors je m'y oppose. Fin de la discussion. On peut passer à la suite. »

Nabil avait essayé d'intervenir. Liliane l'avait arrêté d'un geste de la main : il n'était plus temps d'épiloguer.

La litanie des élèves et de leurs situations reprit dans une ambiance électrique. Agnès arborait un sourire satisfait qu'elle adressait dès qu'elle en avait l'occasion à Matthieu. Celui-ci avait le visage fermé. Emma, de son côté, s'était remise à consigner les appréciations pour ses camarades sans laisser rien paraître.

Bientôt, pourtant, arriva le cas d'un autre élève à féliciter.

« Je m'y oppose.

— Pardon, monsieur Simonin ?

— Je m'y oppose.

— Nan mais Matt… Ethan… Il est irréprochable, Ethan !

— Et alors, monsieur Herrera ? J'ai mes raisons. C'est à l'unanimité, non ? Je m'y oppose. Pas d'unanimité, pas de félicitations. Élève suivant. »

Matthieu procéda de la même manière avec toutes celles et ceux que Yann proposait de récompenser. Liliane ne savait pas comment reprendre la main. Elle laissa donc les choses se faire. Agnès n'avait pas perdu son sourire : Ethan, Chloé ou Yasmina, elle n'en avait absolument rien à carrer.

Quand arriva la fin de l'ordre alphabétique, le regard de la documentaliste changea. Elle venait de comprendre. Enfin, se dit Matthieu. Agnès devança son objection.

« Pas Joshua quand même !

— Et pourquoi pas ?

— Mais... Il est toujours au CDI, il est inscrit au Prix Manga, aux cadets de la défense, c'est le plus sérieux de tous !

— Et alors ? À l'unanimité, non ?

— Mais je lui ai promis ce matin qu'il les aurait, les félicitations !

— Les promesses n'engagent que ceux qui les croient, madame Hartmann.

— Arrête de faire le malin. Tout le monde a bien vu ton petit manège depuis tout à l'heure. Tu te rends compte que tu vas pénaliser huit élèves pour une seule ?

— Tu te rends compte que tu vas pénaliser une élève pour rien ? »

Situation bloquée. Liliane intervint enfin pour demander comme un service à Agnès si elle acceptait de retirer son opposition aux félicitations d'Emma. La professeure résista un peu, puis finit par accepter d'un battement de cils condescendant, « pour Joshua, et parce qu'il faut bien que certains se comportent en adultes responsables ». Aussitôt, Matthieu leva ses objections. Le conseil de classe put enfin s'achever. Tandis que tout le monde rangeait ses affaires, Agnès se glissa à sa hauteur :

« Vas-y, fanfaronne. Je sais que tu démissionnes. Je te laisse ce conseil-là. J'aurai tous ceux d'après, moi. »

Elle fit claquer ses talons dans le couloir un bon moment. Matthieu finit lui aussi par sortir. Emma le dépassa et se retourna pour lui lancer un hochement de tête augmenté d'un demi-sourire, puis accéléra vers la sortie du collège pour ne pas avoir à en ajouter davantage.

Nabil, lui, rattrapa son professeur en courant tout en cherchant à venir à bout de la fermeture de son sac à dos enflé.

« Comment vous avez assuré, m'sieur !

— C'est gentil, Nabil.

— Nan mais en vrai ! Vous avez pas laissé Mme Hartmann gagner, c'était ouf !

— Je n'ai pas gagné contre Mme Hartmann ; j'ai gagné pour Emma.

— Ouais, mais c'est pareil, nan ?

— Ah non. C'est même le contraire. »

Coquillage

Jayson sortit les saucisses du frigo en gloussant.

« Il est pas là Mahomet ? »

Stan ne leva pas les yeux de sa partie pour lui répondre.

« Non. Sorti. Et arrête de l'appeler comme ça.

— Oh ça va ! C'est pour se marrer ! Et pis il est pas là.

— Tu l'appelles comme ça tout le temps.

— Ouais mais là, il est pas là ! Merde ! Pourquoi que tu m'fais chier à m'casser les couilles pour l'aut' barbu, là ?

— Il est pas musulman non plus. Mais vas-y, laisse tomber.

— Oh arrête ! Tu sais bien qu'ils y sont tous un peu ! Eh, d't'façon, Mahomet ou pas, c'est cochon, l'barbeuc. S'il est pas content, il bouffera du pain. Et des chips. Y doit en rester au bacon !

— C'est pas drôle.

— Ta gueule, t'y connais rien. C'est drôle. »

Stan se concentra sur sa manette et les actions qu'elle contrôlait. Au moins, là, ce qu'il pouvait faire ou penser changeait quelque chose. Il se faufila derrière un muret et tendit l'oreille. Un claqueur. Si Jayson continuait à ouvrir sa gueule, il ne sortirait jamais vivant de la pièce. Il ne lui restait plus qu'une seule balle et un surin en mauvais état. Pas gagné.

Jayson partit enfin allumer le feu. Stan se retrouva au milieu de l'estaminet jonché de bris de verre, de meubles renversés et de lierres accrochés depuis l'extérieur. Il contourna accroupi le bar en s'arrêtant régulièrement pour utiliser son sonar. Il savait maintenant quel trajet empruntait le monstre. Pile entre lui et la sortie, évidemment. Il allait falloir être plus malin. Il avisa une brique dans le coin opposé. S'il arrivait à l'attraper et à la lancer vers la porte d'entrée… Soudain, un cri le fit sursauter et se retourner trop tard : la silhouette décharnée était déjà en train de lui arracher les viscères. Stan jeta la manette à côté de lui sans attendre le menu qui lui proposerait de recommencer. C'était Jayson, aussi. L'autre con de Jayson.

Stan se leva en laissant l'écran lui rappeler sans fin son échec. Il se plia en deux pour attraper une bouteille de River Cola et referma le petit frigo du pied. Tandis qu'il avalait ses premières gorgées, il regardait son colocataire arroser d'essence les restes de charbon au fond du baril coupé en deux. La viande premier prix des armoires surgelées d'Aldi était déjà dégueulasse ; Jayson allait encore réussir à la rendre pire. Gorgée de fuel. Saignante et cramée. Resterait le pain. Et les chips. Il faudrait qu'il en garde pour Aliou. C'est pas Jayson qui le ferait.

À déambuler du foyer vers le centre en prenant toutes les ruelles croisées sans réfléchir, la nuit avait fini par tomber. Aliou ne l'avait pas même remarquée. Il était ailleurs. Trop pour cela. Depuis trop longtemps. Il cogna dans une canette qui traînait sur le trottoir. Il était sale, ce pays. Les rues sales. Le collège, sale. Le foyer aussi. Maman aurait tout nettoyé, elle, comme elle faisait toujours à la maison. Il ne devait pas y avoir assez de mamans, ici, pour que ce soit sale comme ça partout. Il n'y avait pas de papa non plus, mais comme d'habitude, comme partout, donc ça changerait rien. C'était des mamans qu'il fallait pour que les choses soient mieux. Propres, toutes les choses. Une maman, déjà. Une, ça suffirait – pour la rue, pour le collège, pour le foyer. Avec une maman, on ne l'embêterait plus dans le bus. On ne le pousserait plus vers autre part tout le temps. Même Jayson, il arrêterait de lui donner le mauvais prénom. On ne lui mentirait plus pour dire que ce serait oui pour le stage, oui pour l'apprentissage, et les papiers. C'était non. C'était toujours non. Ça ne servait plus à rien de croire au oui. De croire tout court.

Aliou était arrivé à proximité de la gare. Il était venu d'ici. Il pourrait repartir. Même sans payer. Juste pour repartir. Il cessa alors d'avancer. Repartir où ? Il n'y avait nulle part. Ni personne. Il tourna la tête pour comprendre où ses pas l'avaient mené, ses pensées arrêté. Un pont. Avec une rivière dessous. Aliou déchiffra sans le voir vraiment le panneau : la Touques. On lui en avait parlé. Il la voyait maintenant. Elle n'était pas noire, la rivière, la nuit. On lui avait dit ça au foyer. Encore un mensonge. Le fleuve brillait au contraire de jaunes verdis par l'eau. Les lampadaires faisaient miroiter les vaguelettes. En y regardant bien, Aliou apercevait un autre reflet, blanchâtre celui-ci. Il se tordit mollement le cou pour vérifier. C'était bien la lune. La même que chez lui, quand elle était pleine. Pas de croissant dans le mauvais sens. Juste plus loin, à cause des lumières, et toute seule, sans les étoiles autour. Les étoiles lui manquaient. Elles l'avaient toujours accompagné. Surtout dans les pires moments. Quand il sortait en boitant du camion de Moustique, par exemple. Il devait s'asseoir. Mais impossible. Trop de douleurs. Il se mettait sur le flanc, à même le sol de cailloux ou de sable selon l'étape. Et, bientôt, la Voie lactée se penchait sur lui, et les rires gras des casquettes s'éloignaient enfin.

« Alors, Moustique ? T'as piqué qui cette fois ?

— Pas trop mal au dard ? »

Les étoiles étaient désolées pour lui. Elles s'en voulaient de ne pouvoir rien faire ; Aliou n'avait pas de mots assez forts pour les remercier d'être là. Simplement et toujours là. À Caen comme à Lisieux, elles l'avaient abandonné. Il n'y avait plus Moustique.

Ça aurait dû être plus facile. Mais non. Parce que lui et tous les autres, ils étaient pour toujours dans lui, et toutes les autres choses avec eux. Et que maman, elle, elle n'en finissait pas de disparaître.

Aliou enjamba la balustrade. L'eau était forcément froide. Il allait vérifier. Le courant n'était plus très fort. Assez encore. Le fleuve suffisamment profond. Ce serait rapide. Il avait juste à oublier qu'il savait nager, maintenant. Pas un dauphin. Un coquillage. Fermer les yeux. Ouvrir la bouche. Et maman serait là de nouveau. Il arrêta de regarder. Il n'y avait plus que le ronflement des eaux dans ses oreilles et les odeurs de berges mouillées dans son nez. Un pas. Juste. Un pas. Mais la voix de maman jaillit alors, si douce qu'elle ne le fit pas sursauter – alors même qu'il pensait l'avoir à jamais oubliée.

« La vie, mon fils, c'est tellement rare. Regarde autour de nous : il n'y a que la mort qui rôde, partout. Il n'y a que la mort qui se montre. La vie, il faut la chercher. Et la chérir. À tout prix. Et la vie, c'était toi. C'est pour ça. »

Ça avait été sa réponse. Pourquoi elle l'avait gardé ? C'était à cause de ce qu'ils lui avaient fait, les miliciens, qu'il était arrivé. Alors pourquoi ? C'était pour ça. Sur le moment, il l'avait trouvée éblouissante de courage, étincelante de sagesse – et forte, plus forte que tout le reste du monde. Maintenant, il savait *vraiment* ce qu'elle avait subi. Moustique et les autres avaient fait ça pour lui. Et il savait aussi que ça avait beau être horrible, ce n'était pas le pire. Le pire, c'était d'avoir survécu à ça pour souffrir encore, et encore, et encore, de mille manières, de partout, de tout le monde. Subir les corps des autres, et leurs mots, et leurs langues qui ne seraient jamais la sienne. Jamais celle de maman. Il avait essayé. Beaucoup. Il avait cherché la vie partout. Il n'avait trouvé que la mort.

Aliou lâcha la balustrade sans rouvrir les yeux. Un coquillage. Juste… un coquillage.

Vivante !

Les quatrièmes ne venaient plus au collège. L'accompagnement personnalisé avait pris fin. Le cours avec les 3D était le seul que Matthieu avait à assurer de la journée. Il ne pourrait être comme les autres : ce serait le dernier. Il en avait informé les élèves, mais il y avait eu le brevet depuis. Ils n'étaient plus tenus d'être présents. Combien d'entre eux auraient fait le déplacement ? Douze, en tout. Pour la plupart uniquement parce que leurs parents ne le leur en avaient pas laissé le choix. Sur le moment, Matthieu se sentit vaguement déçu. Le matin même, il avait vu passer la vidéo d'un enseignant qui partait à la retraite sous l'ovation générale de l'ensemble de son établissement, avec supplément « Adieu Monsieur le Professeur », fleurs, cadeaux, embrassades, larmes et applaudissements. Matthieu, lui, devait composer avec la question inaugurale de Clément : « On travaille ou on regarde un film ? »

Pourtant, rapidement, il se remit de sa petite blessure d'ego. Cette heure ressemblerait à toutes les précédentes, ou presque. Il la passerait avec Nabil,

Emma, Asma et quelques autres. Ce serait très bien comme ça.

Matthieu commença par leur distribuer son ultime document : « Bibliographie non exhaustive en vue de la seconde ». S'y trouvaient les ouvrages qui lui semblaient incontournables pour le lycée. Il les avait présentés par ordre chronologique, regroupés par genres. Il y avait en outre expliqué ce qui en faisait l'intérêt pour lui, avant de mettre un, deux ou trois astérisques en fonction de la difficulté de lecture. Il s'appliqua ensuite à rassurer les élèves : comme tous leurs prédécesseurs, ils paniquaient à l'idée d'avoir une quarantaine d'œuvres classiques à absorber pendant l'été. Matthieu leur indiqua qu'il s'agissait surtout de passages obligés avant le bac de français en fin de première. Cela ne voulait pas dire qu'il fallait tout connaître d'ici septembre. Surtout, il insista sur le fait que cette liste était celle d'un professeur, certes, mais surtout d'un lecteur, avec ses goûts et ses partis pris.

Comme chaque année, on lui demanda par quel livre commencer :

« Pour vous, m'sieur, c'est lequel le meilleur ?

— Ils sont tous bien. Sinon, ils ne seraient pas là. J'aurais pu vous donner vingt pages comme ça. Il n'y en a que deux, alors je vous promets que c'est le résumé du résumé du résumé… Et puis comment je pourrais comparer de la poésie et du théâtre à du roman, Rimbaud à Victor Hugo, Ionesco à Aldous Huxley ?

— Ouais d'accord. Mais vous, c'est lequel que vous préférez ? »

La même question tous les ans. La même réponse à chaque fois.

« *Voyage au bout de la nuit*. C'est mon livre préféré.

— Ah ouais ? C'est marrant ?

— Oui. Mais pas toujours.

— Et c'est long ?

— Oui. Mais c'est en quatre parties : une pendant la Première Guerre mondiale, puis en Afrique, puis New York, et le retour en France pour finir. Et si vous lisez juste la guerre et New York, c'est court, et vous avez l'essentiel pour commencer. Vous aurez les blagues, les punchlines et la critique de l'armée et du capitalisme. Ça plus le style, vous saurez qui est Louis-Ferdinand Céline, et ce sera déjà énorme.

— Et c'était qui, lui ? »

La même question tous les ans. La même réponse à chaque fois.

« Un fasciste. Qui a soutenu Hitler.

— Et vous aimez un nazi, vous ?

— Vous devez commencer à me connaître assez pour savoir que non, hein ?

— Bah ouais, mais justement…

— Lisez *Voyage au bout de la nuit*, de toute façon. Comme ça, au pire, vous pourrez en dire du mal correctement après, parce que vous saurez de quoi vous parlez. »

Les trois quarts de la séance étaient passés. Restait à conclure. Comme il le faisait systématiquement, il demanda à ses élèves ce qu'ils avaient pensé de leur année en français, ce qu'ils avaient préféré et ce qui les avait ennuyés. À la différence des fois précédentes, il se retint d'ajouter que la question leur était posée afin qu'il puisse faire mieux l'année suivante.

Toutes et tous lui assurèrent avoir apprécié ses cours. Plusieurs ajoutèrent qu'ils avaient appris plein de choses grâce à lui ; aucun ne fut en mesure de répondre à sa question consécutive : « Ah oui ? Et tu as appris quoi, par exemple ? » Chaque fois, Matthieu éclatait de rire devant leur incapacité à mettre des mots sur cette impression qu'ils avaient, avant de les rassurer sur le sujet. Il n'est pas toujours simple d'expliquer pourquoi on a aimé ou pas telle ou telle chose.

Après ce tour de table à eux réservé, Matthieu s'arrogea les dernières minutes. Il voulait boucler avec ses mots deux décennies, des milliers d'heures passées minute après minute, seconde après seconde à essayer avec plus ou moins de patience et de réussite de dire, d'écouter, d'accompagner celles et ceux dont il avait un échantillon plutôt représentatif en face de lui.

« Pour finir, je voulais vous dire merci. C'est ce que je dis toujours à mes élèves en fin d'année, parce que, toujours, les élèves m'apprennent beaucoup. Je sais que je vous ai appris des choses – mais je suis payé pour ça, alors ça ne compte pas. Vous, vous m'avez parlé, écrit des phrases, montré des trucs qui m'ont fait réfléchir, grandir, avancer. C'est pour ça que je vous remercie. Et vous encore plus que ceux d'avant, parce que vous êtes mes derniers élèves, et que j'ai eu de la chance que ça ait été vous. On s'est bien marrés. On a bien bossé. On a bien causé. On a bien appris. Et c'était cool. »

Matthieu contempla celles et ceux qui le toisaient mollement. Il n'y en aurait plus d'autres. Il fallait conclure.

« S'il y a juste une dernière chose que je peux vous apprendre, c'est ça : soyez fiers de vous. Et de votre génération. Elle est bien meilleure que la mienne et que toutes celles d'avant. Oui, vous écrivez avec les pieds et vous avez une capacité de concentration de poissons rouges ; mais vous ne vous laissez pas faire. Vous posez des questions. Vous cherchez du sens à ce qu'on vous propose. Et surtout, vous connaissez bien plus de choses que moi à votre âge. Alors ne laissez jamais un vieux dans mon style vous dire que vous êtes pires que ceux d'avant, parce que c'est faux. Et si ça vous saoule parce qu'ils ne vous croient pas, vous avez juste à être patients : les vieux, ça meurt souvent plus vite que les jeunes, et ce sera bientôt votre tour de gérer. Moi, je sais que ce sera mieux. Et si vous ne me croyez pas, demandez-vous comment ça pourrait être pire.

— Ah m'sieur, vous dites ça pour être gentil et tout, mais en vrai… »

Matthieu planta son regard dans les points de suspension de Nabil.

« Non, je le pense vraiment, crois-moi.

— Ah m'sieur, désolé, mais ça, c'est pas de l'argument comme argumentation !

— OK, rit-il, OK. Tu veux des arguments ? Ceux qui vous disent que vous êtes trop sur les écrans y sont en permanence. Ceux qui réclament le plus le retour du respect sont toujours les plus intolérants. Et pour l'orthographe : les personnes qui disent que votre génération ne sait plus écrire sont le plus souvent celles et ceux qui ne savent pas publier un commentaire sans faire quinze fautes.

— On est trop forts en fait !

— N'exagère pas, Asma : je n'ai pas dit ça. Juste que vous n'êtes pas pires que ceux d'avant. Et que c'est un bon début. »

Le cours s'acheva après sa dernière phrase. Il l'avait à peine prononcée qu'il l'avait oubliée. Ce qui importait n'était ni dans ses mots, ni dans ses virgules, pas davantage dans ce qu'elle charriait de sens et de silences négligés. Ce qui comptait vraiment chez elle, c'est qu'elle était la dernière. La sonnerie venait de le confirmer. Les élèves le saluèrent gentiment, mais sans fin – sans fin véritable. Ce n'était pas leur problème, après tout. Ce n'en était sûrement pas un du tout.

Emma prit un peu plus de temps que les autres pour ranger les affaires qu'elle n'avait pas vraiment sorties. Juste assez pour fermer la marche. Matthieu s'apprêtait à la saluer comme les autres, mais elle se planta devant lui et lui tendit une feuille pliée en quatre. Sur celle-ci, un seul mot : « Conclusion. »

« C'est quoi ?

— Une feuille. Pliée. Avec "Conclusion" écrit dessus.

— Très drôle. C'est un cadeau ?

— Si on veut. Mais je sais pas pour qui.

— Tu me le donnes à moi en tout cas.

— Oui. Mais attendez que je sois partie pour l'ouvrir.

— Ça marche. Merci Emma.

— Merci à vous. »

Matthieu la regarda sortir sans rien ajouter et demeura debout pendant un moment. Puis il se reprit, posa la feuille sur son bureau et se retourna vers le tableau. Il se retrouva bientôt à en balayer ses derniers mots à lui, avant tous ceux des autres qui viendraient après toutes les vacances à suivre. Il rangea ensuite les chaises sur les tables, pour que le ménage puisse être plus facile pour Magalie ou Fatima, selon leur emploi du temps du lendemain. Il attrapa le cadeau, puis son sac, en extirpa la clef de la salle qu'il allait falloir laisser sortie pour la rendre à l'intendance, et quitta la pièce. La porte fut bientôt refermée. D'autres que lui auraient à l'ouvrir.

Tandis qu'il descendait vers le couloir de l'administration, il déplia la feuille précautionneusement.

Une photocopie de la feuille de consignes du Livre Moi. Une ligne seulement était stabilotée : « Et demain, qui / que serai-je ? » Le « qui » avait été barré. Du « que » partait une flèche vers un unique mot, ajouté en majuscules dans la marge en gros, assorti d'un point d'exclamation : « VIVANTE ! »

En butte

Matthieu avait choisi de rédiger un discours. Il avait cela en horreur. Mais il allait devoir saluer ses collègues ainsi qu'une partie de sa vie. Il perdrait ses moyens s'il n'avait pas une feuille entre les mains. Tandis qu'il approchait d'Allende, il doutait de plus en plus que le papier suffise à l'empêcher de craquer.

La fête de fin d'année n'était pas seulement un rituel, à Allende. Une véritable cérémonie. Tous les adultes de l'établissement sur leur trente-et-un, exit les uniformes et les fonctions l'espace de quelques heures. Les agapes se prolongeaient généralement jusque tard dans la nuit – au moment où les jeunes surveillants de la vie scolaire finissaient par être gentiment reconduits vers la sortie par Liliane. La principale bâillait alors depuis longtemps et souhaitait rejoindre son logement de fonction après avoir actionné l'alarme du collège sans redouter qu'un pied titubant ne la fasse sortir de ses gonds.

Matthieu pénétra dans la salle de restauration. Les agents avaient comme à leur habitude pris un soin méticuleux à la parer de ses plus belles décorations.

Le buffet était dressé, les verres prêts à être retournés et la clairette de Die au frais. Ce serait pour après le spectacle annuel de Camille et Marie, qui se décarcassaient pour proposer une émission parodique et humoristique, agrémentée de chroniques drolatiques, de fausses remises de prix, de sketchs filmés au cours des semaines précédentes puis diffusés dans une hilarité générale.

Tandis qu'il s'asseyait à côté de Julien, Matthieu détailla le travail d'orfèvre de Yann. Il avait comme chaque année installé le plateau, en expert autoproclamé en sonorisation du collège. Les micros étaient branchés et réglés avec soin, les câbles astucieusement remisés sous le drap noir glissé sans un pli sur les deux tables volées dans l'après-midi à la salle des commensaux.

Marie s'éclaircit la voix pour signifier aux retardataires qu'il était temps de regagner leur place.

« Bonjour à toutes et tous, et bienvenue chez vous ! »

Une ovation suivie d'une salve d'applaudissements. Le public était conquis d'avance. Camille présenta ensuite le déroulé de l'émission, avant d'enchaîner avec le premier sketch, qui mettait en scène les amours contrariées de Gérard avec les murs en lambeaux de l'établissement. Les agents avaient donné de leur personne pour gentiment moquer leur collègue à grand renfort d'anecdotes et de photos de tuyaux rouillés, de fenêtres impossibles à refermer, de plafonds troués. Marie conclut en tançant comme convenu sa camarade de jeu :

« En attendant, il y en a qui sont privilégiés ici… On attend toujours un nouveau verrou pour les toilettes de la salle des professeurs, mais le bureau de la CPE, lui, a une fenêtre toute neuve depuis une semaine, hein !

— C'est juste que je dois avoir de meilleurs arguments que vous, chère amie. Pas vrai Gérard ? »

Des vivats furent lancés en direction du chef d'atelier, qui bougonna en secouant la tête, comme pour cacher le rouge aux joues que sa longue barbe n'arrivait plus à cacher.

Vint ensuite la cérémonie des Allende d'or, qui récompensa comme à son habitude les collègues pour leurs dysfonctionnements les plus risibles depuis septembre. Agnès en prit logiquement pour son grade. Elle n'avait pas de micro, elle. Son seul sourire de façade pour donner l'illusion qu'elle savait rire d'elle-même. Matthieu buvait du petit-lait et se voyait déjà tiré d'affaire : on ne lui avait attribué ni le prix de la pire sortie scolaire, ni celui de la plus grosse gaffe devant des parents. Mais Marie annonça alors la dernière partie du spectacle. Il comprit qu'il n'avait été ménagé que pour mieux en baver ensuite.

« Nous allons bientôt conclure, parce qu'il reste encore toute la cérémonie des au revoir, les cartes-cadeaux de Sephora, de la Fnac ou du Dorcel Store – tu vois Liliane qu'on a pensé à toi ! Mais avant tout ça, on ne pouvait pas laisser s'en tirer à si bon compte un collègue si lâche qu'il nous abandonne définitivement sans même nous prévenir d'un texto ! Oui, Matthieu, c'est bien de toi que je parle. Et comme il est temps que le monde sache l'immonde personnage que tu es secrètement, nous avons choisi de le révéler en images. »

Tout le monde riait et piaffait d'impatience. Matthieu croisa le regard de Marie. Son sourire pour tous composé ne comptait que peu. Au fond d'elle, elle se sentait comme lui : ravagée. Elle n'en laissa évidemment rien paraître. Camille lança une vidéo. Sur celle-ci, les témoignages de collègues choisis qui inventaient des exactions que le démissionnaire aurait commises : la fois où Matthieu avait tenté de brûler le collège, quand il avait séquestré une classe une semaine jusqu'à ce que les dictées soient sans fautes, le moment où il avait cherché à empoisonner Liliane pour prendre sa place… Matthieu riait de bon cœur. Marie laissa au public le temps de reprendre ses esprits avant de poursuivre :

« Regrettez-le ou réjouissez-vous, il part ! Celui qui nous fit tant rire, celui qui fit tant parler, celui qui cliva, celui qui rassembla, qui anima, qui s'engagea… Matthieu ! Pas facile de le présenter, il y aurait tant à dire qu'on ne sait pas trop par quoi commencer… Ce n'est pas pour rien qu'Agnès lui demandait dès son premier jour ici : "Tu t'es jamais fait casser la gueule ? C'est surprenant." Eh bien, si, il a fini par se la faire casser, la gueule, mais pas par ses collègues, non, parce que c'est bien l'institution elle-même qui a eu raison de lui. Quel gâchis pour nous, qui aimions tant ses bonjours chaleureux en arrivant, son sens de la repartie qui nous laissait souvent avec pour seule réponse un "Mais qu'il est con !". Sache juste une dernière chose : tu fais chier Matt. Tu fais vraiment chier. Mais bon vent quand même. »

L'animation se termina dans un tonnerre d'applaudissements. L'équipe d'humoristes d'un soir regagna le public pour assister à la suite. À l'invitation de sa cheffe, Matthieu s'avança péniblement jusque devant la scène. Liliane loua ses états de service. Regretta son choix. Insista sur le fait qu'il se devait néanmoins d'être respecté. Le compara à son départ en retraite à elle. Quand elle se rendit compte qu'elle parlait davantage de sa situation que de celle du professeur qu'elle était censée saluer, elle bafouilla une sorte de conclusion qui se voulait émouvante avant de rejoindre sa chaise, laissant Matthieu seul avec son micro. Il choisit de ne pas rester debout. Ses jambes ne le portaient déjà plus qu'à peine.

Il défroissa la feuille de sa poche intérieure et se mit à lire sans attendre ni lever les yeux. Il ne pouvait affronter aucun regard. Surtout pas celui de Marie. Elle avait pu, elle. Elle n'était pas lâche comme un homme.

« Cher journal… »

Matthieu marqua un silence, le temps que les rires se dissipent. Il avait eu l'idée de s'inspirer du Livre

Moi pour que son discours soit moins pompeux et un peu original. Visiblement, le procédé fonctionnait. Cela l'encouragea à poursuivre.

« Cher journal,

Aujourd'hui, c'est le grand jour ! Pas le dernier stricto sensu que je passe dans l'Éducation nationale, puisque sur le papier, je ne serai chômeur qu'au 1er septembre prochain. Pourtant, ce mardi 5 juillet est infiniment plus important, puisque ce n'est pas à l'institution que je fais mes adieux mais à mes collègues – autant dire à celles et ceux qui comptent vraiment. Tant de personnes importantes pour moi. Tant d'individualités que j'apprécie, tant de collègues que j'admire, tant de gens que j'aime.

Pourquoi je flippe autant ? Des gens changent de boulot tous les jours et n'en font pas nécessairement tout un plat. Mais, en y réfléchissant bien, il y a pas mal de raisons à mon état. D'abord, je ne quitte pas seulement un job, mais une fonction, une identité et une vocation. Un truc qui m'a accompagné, fait vibrer, plombé, comblé, ému, construit, ravagé et habité chaque seconde ou presque depuis vingt ans maintenant. À l'époque, je voulais être journaliste pour changer le monde. Et puis je me suis rendu compte que c'était sûrement moins prestigieux mais infiniment plus utile de faire partie des petites mains que je chéris tant – les agents d'entretien, les infirmières, les AED, les caissières, les AESH, les ouvriers et les profs, donc, cette masse laborieuse qui œuvre en silence à rendre le monde si ce n'est meilleur, du moins supportable. J'allais donc prendre le problème à la base : accompagner des gosses pour les faire lire, écrire, dire, penser. J'allais être prof de français. Rejoindre un groupe qui me fascinait par son importance en même temps que sa discrétion.

Alors forcément, aujourd'hui, tout ça remonte. Je revois encore mon état quand je suis allé passer l'oral du Capes dans un costard bien trop grand pour moi – au propre comme au figuré. Mon euphorie quand j'ai découvert qu'on m'accordait le droit d'enseigner. Mon stress quand j'ai fait rentrer mes premiers élèves en classe, un matin de septembre. Je revois aussi évidemment tous ces lieux dans lesquels j'ai exercé, toujours au départ de Caen, et je me dis que mon bilan carbone a été catastrophique… Des centaines de milliers de kilomètres cumulés, très majoritairement en voiture. Et puis la délivrance, il y a huit ans, quand j'ai su qu'enfin j'allais pouvoir me poser à moins d'une heure de chez moi, pour la première fois de ma carrière. Savoir que je n'allais plus perdre l'équivalent de deux jours par mois en transport, savoir que je pourrais consacrer ce temps-là à autre chose, ça m'avait rendu fou de joie.

Et puis je savais aussi que j'arrivais dans un bahut où exerçait Yann, mon ami. C'était lui d'ailleurs qui m'avait donné l'info du départ de deux profs de français et permis ainsi de jouer avec succès tous mes points lentement accumulés les années précédentes pour obtenir un poste définitif au sein de ce collège.

C'est à cause de Yann finalement que je flippe depuis deux mois. C'est de sa faute si j'ai rencontré tant de personnes que je me retrouve à devoir quitter alors que je sais qu'elles n'en finiront pas de me manquer. »

Arrivé à ce stade de son discours, Matthieu marqua une pause. L'auditoire crut à un procédé dramatique – c'en fut vraisemblablement un. Ses jambes tremblaient déjà copieusement. Il s'était offert une ultime respiration avant d'affronter ce qu'il savait le plus difficile à énoncer.

« Je ne pourrai jamais avouer combien ce collège me suivra où j'irai, et celles et ceux qui le composent avec lui. Je n'oserai pas dire l'admiration sans borne que j'ai pour toutes les personnes qui seront réunies ce soir – sans exception. Pas un agent, pas un AED, pas un prof, pas une personne de ce collège que je ne trouve incroyable pour une quantité folle de raisons. Et puis comment reconnaître que c'est à leur contact, dans les bons et surtout les mauvais moments, que j'ai appris ce qu'étaient le sérieux, la rigueur, le professionnalisme, mais que ce n'était en rien incompatible avec la bonne humeur, l'entraide et les bières en terrasse ? »

La petite blague avait fonctionné. Tant mieux. Même s'il ne regardait que sa feuille, Matthieu ne pouvait ignorer les reniflements qui commençaient à se multiplier. Il se revit au moment exact où il avait rédigé la suite. Chez lui, comme toujours seul, sans un bruit. Il cherchait désespérément une idée pour boucler son discours. Et puis il s'était souvenu de la fois où Camille, bien des années auparavant, lui avait montré les carnets de correspondance flambant neufs qu'elle venait de recevoir. Elle avait travaillé des heures pour imaginer un modèle plus pratique et moins austère que celui qui était utilisé depuis des lustres. Elle était particulièrement fière du résultat et avait surtout insisté sur la citation de Nelson Mandela que Julien avait proposé de faire figurer sur la couverture :

« Je ne perds jamais. Soit je gagne, soit j'apprends. Ça claque non ?

— Ah bah carrément ! C'est juste dommage qu'il y ait une faute d'orthographe… »

Le sourire de Camille s'était figé et elle avait arraché le carnet des mains de Matthieu, espérant qu'il s'agissait d'une mauvaise blague avant de se décomposer : un des deux « soit » comportait deux « t ». Matthieu l'avait ensuite régulièrement chambrée au cours de l'année sur ce sujet. À la rentrée suivante, la faute avait été corrigée. Depuis, la citation était restée, et avait suffisamment été intégrée par les élèves pour qu'ils l'utilisent régulièrement. Comme Emma quelques mois auparavant.

Matthieu avait souri en repensant à l'anecdote, encore davantage quand il avait compris que son esprit chafouin venait de lui offrir sur un plateau sa conclusion. Il sortit de sa rêverie. Des dizaines de collègues l'attendaient, il avait toujours le cœur au bord des lèvres : il fallait accélérer et finir, de peur de ne pas être en mesure de le faire.

« Alors puisque je ne pourrai pas dire tout ça à mes collègues quand je ferai mon discours de départ, je leur dirai autre chose. D'abord, qu'on s'est beaucoup trop marrés pour que ça s'arrête comme ça. Qu'on s'est beaucoup trop soutenus pour qu'il n'en reste rien. Surtout, je leur dirai que notre institution ne nous mérite pas, et ne nous méritera probablement jamais, que ça en dit au moins autant sur elle que sur nous, mais qu'on s'en fout. Parce que nous, nous sommes les gentils de l'histoire et que tout ce que nous semons jour après jour, minute après minute, moment après moment avec nos classes, personne ne pourra nous l'enlever. Que nous ne sommes pas seulement le collège Allende, non. Que nous sommes les jardins de Mandela, en butte, en lutte ou les deux à la fois. Que nous sommes vivants quand ils sont déjà morts en haut, que nous sommes des vibrations contre lesquelles ils ne peuvent et ne pourront jamais rien, que nous avons déjà gagné et ne finirons jamais de le faire parce que jamais, eux, ils ne feront sourire un gamin, jamais ils n'aideront une famille, jamais ils n'apprendront quoi que ce soit à qui que ce soit. Que nous n'aurons jamais fini de ridiculiser leur cynisme, qu'ils n'ont pas fini d'être démunis face à nos courages, nos valeurs, nos engagements, et que s'ils sont en marche, nous, on court ! Surtout, enfin, que nous sommes plus malins et bien plus nombreux, que nous, jamais on ne perd, et nos élèves non plus, et que c'est même écrit noir sur blanc sur leurs carnets.

Voilà ce que je leur dirai. Enfin, si j'y arrive... Parce qu'en attendant, il est plus que temps que je sauvegarde tout ça et que je relise avant d'imprimer. Et que je conclue. Une dernière fois. »

Matthieu posa sa feuille et s'effondra en larmes, tandis que toute la salle se levait et l'acclamait bruyamment. Il essaya au bout d'un moment de se relever ; quand il constata que Julien pleurait lui aussi, il n'y parvint pas. Yann se détacha de la foule et s'approcha de lui sans cesser d'applaudir. Il l'enlaça longuement, avant de glisser une main discrète sous son aisselle pour l'aider à se remettre sur ses deux pieds. Matthieu réussit enfin, sécha un peu son visage qui se trempa de nouveau aussitôt, puis se mit lui aussi à applaudir l'audience. Il osa cette fois-ci croiser le regard de Marie et lui lança un hochement de tête auquel elle répondit d'une moue cernée de mouchoirs. Ils n'avaient pas besoin de s'en dire plus : tout l'avait déjà et enfin été.

Les jardins de Mandela

La foule était dense quand Marie et Camille sortirent du couloir de l'administration pour gagner les jardins. Elles y trouvèrent Matthieu. Il était en grande discussion avec Aliou.

« C'est super que tu sois là. Ça fait plaisir.

— Ça me fait plaisir aussi, monsieur. Très plaisir.

— Tu as l'air d'aller bien, non ?

— Ça va, monsieur. Ça va.

— Ça se passe bien à Lisieux ?

— Oui. Ça se passe bien à Lisieux. Je me suis fait un ami. Il s'appelle Stan. Il est gentil avec moi. Il m'a aidé à trouver un stage. On va faire le stage ensemble. Peut-être il y aura un apprentissage après. Stan m'a dit ça.

— Vraiment ? Mais c'est super, ça ! En plus, tu parles vraiment de mieux en mieux français, c'est impressionnant !

— Merci, monsieur.

— Et tu es venu exprès pour l'inauguration aujourd'hui ?

— Non, monsieur. J'avais un document à récupérer ici pour dire que j'avais bien rendu tous mes livres.

— L'exeat.

— Oui c'est ça : l'exeat. Et les Apprentis d'Auteuil, ils m'ont payé le billet de train. M. Herrera m'a dit que c'était bien que je vienne là, pas un autre jour, pour la fête. Alors je suis venu là.

— Ah ? M. Herrera était au courant ?

— Oui. Et Mme Grandais aussi. Ils m'appellent beaucoup à Lisieux. »

Matthieu nota enfin la présence de Marie et se tourna vers elle.

« Alors comme ça, madame Grandais, on a des nouvelles et on n'en informe pas son collègue ?

— C'est juste que M. Simonin a eu une actualité très chargée, dernièrement, alors je n'ai pas osé le déranger… Salut Aliou ! Ça va mieux, alors, si j'ai bien compris ?

— Oui, madame. J'ai pu changer de maison. Pour plus être avec Jayson. Mais encore avec Stan.

— C'est génial, Aliou ! Je suis vraiment contente pour toi.

— Merci, madame. Moi aussi je suis content. Je suis très content maintenant. »

Aliou les salua avant d'aller rejoindre Emma et Nabil, qui lui sautèrent dans les bras sous les poiriers. Matthieu regarda autour de lui en s'escrimant les yeux à cause de la lumière, puis demanda à Marie :

« Il est où, Julien ? Pas encore arrivé ?

— La star du jour ? Tu déconnes ! Tu vois le grand truc là-bas qui court partout ? Deux jours qu'il est comme ça. J'ai croisé Lili hier : elle en est presque à regretter la semaine dernière.

— C'est qu'elle a la mémoire courte, rit-il. C'est cool. C'est trop cool. »

La nouvelle était tombée huit jours plus tôt. Matthieu était chez lui quand le mail de Liliane qui l'annonçait était arrivé. Il avait dû le relire trois fois pour y croire. Ils avaient eu tant de faux espoirs au fil des mois qu'il ne parvenait pas à accepter la victoire. Une victoire totale, qui plus est : non seulement les jardins n'étaient plus menacés, mais le contre-projet de Julien avait définitivement été validé par le département, qui avait même dans la foulée acté la création d'une seconde mare. La cheffe expliquait que l'intervention de Paule Delhuisserie avait été décisive. Elle avait tenu sa promesse : réunir tous les acteurs du dossier, de Roberto Mas au président du Département, en passant par la Dasen et la rectrice. Elle avait su trouver les mots : moins de deux heures plus tard, le projet était abandonné. Liliane avait transmis le courrier officiel des autorités ; dès qu'il l'avait eu lu, Matthieu avait sauté sur ses pieds de joie et crié en levant les deux poings vers le ciel. Il fallait absolument qu'il partage cela avec Julien sans attendre. Il avait sorti son téléphone en imaginant, le sourire aux lèvres, l'état dans lequel son ami devait être au même moment. Quand ce dernier avait décroché, il n'y avait aucune émotion particulière dans sa voix.

« Allô ?

— Allô Julien ? Ça va ?

— Salut Matt. Ça va et toi ?

— Ça va très bien. Je te dérange pas ?

— Bah on était en train de finir de dîner en famille, là, mais t'inquiète. Je peux quelque chose pour toi ? »

Julien n'était pas encore au courant. Matthieu avait hésité un instant : était-ce à lui de lui annoncer ? Il avait rangé ses pudeurs et ses doutes quand il avait compris que ce n'était en rien le messager qui importerait. Juste le contenu de ce qu'il avait à lui délivrer.

« Laisse-moi deviner : tu as pas lu tes mails, si ?

— Ah bah nan, vu qu'on mangeait. Et justement, on se disait que demain… Attends. T'as une voix bizarre, là. C'est beaucoup trop joyeux pour être honnête… Qu'est-ce qui se passe ?

— C'est pour les jardins. Tu veux pas aller voir tes mails directement ?

— Oh putain… Oui, je sais, Ernestine, un euro dans la boîte à gros mots, mais là, papa, il s'en fout ! Tiens, j'en mettrai même deux, du coup. Attends, Matt, je te mets sur haut-parleur pour que Lili et Ernestine puissent suivre… Voilà. Tu nous entends ?

— Oui, nickel. Salut Lili, salut Ernestine.

— Salut Matthieu !

— Bon, les filles, accrochez-vous à votre chaise : vous allez récupérer votre mari et votre père. On a reçu un mail de notre principale : les jardins sont définitivement et officiellement sauvés, et le projet alternatif validé à 100 % ! »

Matthieu avait dû éloigner le téléphone de son oreille, eu égard au volume sonore de l'explosion qu'avait déclenchée son annonce. Il avait lui-même éclaté de rire tout seul en entendant la famille chanter et très vraisemblablement sauter sur place à l'unisson. Bientôt, Julien avait désactivé le haut-parleur et s'était éloigné de la liesse pour ôter de lui le dernier doute qui avait subsisté :

« Attends, Matt, c'est sûr de sûr ? Elle ne s'est pas enflammée comme elle sait le faire, Liliane ?

— Elle a joint le courrier du département. Je te jure que c'est sûr de chez sûr de chez sûr. C'est Delhuisserie qui a géré. À mon avis, elle a dû leur mettre copieusement la pression et bien se faire plaisir en voyant Roberto faire la gueule…

— Ouais, clairement, rit-il. En plus, elle m'avait dit que le président était en bisbille avec son adjoint. Comme c'était son bébé à lui, la route, que le chef s'en foutait complètement et que c'est lui qui avait le dernier mot, il a juste chopé l'occasion de le faire chier… Sérieux, on a peut-être gagné pour de mauvaises raisons, mais on a gagné, alors je m'en contrefous, t'as pas idée !

— Tu m'étonnes ! Et tu veux savoir la meilleure ? Ils ont accepté la deuxième mare dans la foulée. C'est écrit noir sur blanc.

— Oh putain de bordel de merde ! Elle va prendre vingt kilos en une soirée, la tirelire à gros mots ! »

Les deux amis avaient éclaté de rire en même temps. Matthieu avait rapidement raccroché pour laisser le soin à Julien d'aller constater de ses propres yeux l'étendue de sa victoire.

Les jours suivants avaient été à la fois d'une douceur et d'une agitation extrêmes. Julien était non seulement décidé à célébrer la victoire, mais aussi voire surtout à en informer la terre entière. Sa voix émergea enfin des enceintes de la collègue de musique :

« Bonjour à tous ! Excusez-moi de vous interrompre dans vos réjouissances, mais j'aimerais dire un petit mot. N'ayez pas peur, ce sera pas long ! »

Les gens se turent avec plaisir et se tournèrent vers lui. Matthieu nota qu'il y avait un poteau surmonté d'une serviette de plage qu'il n'avait jamais vu aux côtés de son ami. D'un coup de menton, il interrogea Yann, qui venait d'arriver. Il haussa les épaules : aucune idée. Julien reprit alors la parole.

« Si vous êtes ici, c'est que vous savez tous pourquoi ; mais permettez-moi de le répéter officiellement : on a gagné ! »

Tout le monde se mit à crier et à applaudir, tandis que Julien montrait avec d'amples gestes tout ce qui se trouvait derrière lui et allait être sauvé. Il attendit deux bonnes minutes que l'euphorie se calme pour poursuivre.

« Il y aurait beaucoup de leçons à tirer de tout ce qui s'est passé ces derniers mois, mais comme je ne suis pas prof de français, moi, je n'ai pas écrit de discours, et je vais forcément oublier des choses. Blagues à part, j'en retiendrai au moins deux : la lutte, des fois, ça marche !

Et comme disait quelqu'un : "Celui qui se bat peut perdre, mais celui qui ne se bat pas a déjà perdu."

Le deuxième truc, c'est que c'est quand on est unis que ça fonctionne. La preuve. J'en profite pour vous remercier du fond du cœur : sans vous, rien n'aurait été possible. Non, non, ne faites pas cette tête-là, je vous promets : je sais que j'ai fait beaucoup pour cette lutte, mais j'ai failli dix fois, cent fois jeter l'éponge. Et puis toujours, je dis bien toujours, il y avait un mot, un geste, un regard ou un message d'encouragement, de soutien, de félicitations, et je repartais de plus belle. Merci à tous, vraiment, et en particulier à Lili et Ernestine à qui j'ai fait vivre un enfer. Merci les filles, vraiment. Je vous aime tellement, si vous saviez ! »

Matthieu songea à cet instant que décidément, le collège Allende avait beaucoup fait dernièrement pour soutenir l'industrie du mouchoir. Cette fois-ci, pourtant, lui avait les yeux secs. Sa joie était à ce point brute qu'elle avait totalement supplanté l'émotion. Il vibrait littéralement de bonheur, un bonheur total et solaire qui ne pouvait s'encombrer de rien d'autre que de lui-même. Il prit Marie par l'épaule en riant tandis qu'elle se mouchait et lui intimait cordialement d'arrêter de se foutre de sa gueule.

« Avant de vous laisser, je voudrais faire un acte symbolique, parce que je crois aujourd'hui plus que jamais que les symboles sont essentiels. Nous allons inaugurer une plaque réalisée par notre collègue d'arts plastiques, Colin. Et vous verrez que, comme à son habitude, Colin a montré tout le talent qu'il possède. Juste avant, une petite précision pour que vous compreniez ce qui figure sur cette plaque. Tous les élèves ont sur leur carnet de correspondance une citation de Nelson Mandela : "Je ne perds jamais. Soit je gagne, soit j'apprends." Elle est tellement tout le temps sous nos yeux qu'on avait fini par ne plus la voir. Mais grâce à notre futur ex-collègue Matthieu ici présent, on l'a tous redécouverte. Et on s'est dit avec Colin que cette plaque devant laquelle on passera chaque jour sera là pour nous rappeler ce que nous avons fait et ce que nous pouvons faire. Alors, mesdames et messieurs, sous vos yeux ébahis, permettez-moi de vous présenter… les jardins de Mandela ! »

Julien jeta la serviette au ciel, qui retomba sur les salades fraîchement arrosées. Matthieu découvrit alors la création de Colin et put juger de la véracité de ce qu'avait répété son ami quant aux qualités artistiques de son collègue. La plaque était taillée dans du bois brut, un bois mat aux veines splendides impeccablement lasurées, et le texte qui y figurait avait été gravé puis peint d'un vert éclatant. « Les jardins de Mandela » s'étalait en grand. Mais, bientôt, Matthieu cessa de sourire. Il venait de réussir à déchiffrer ce qui avait été ajouté en plus petit juste en dessous : « Toujours en butte, toujours en lutte ! » Ils avaient repris l'expression de son discours. Gravée et solidement ancrée dans le sol, désormais. Elle serait toujours là. Et Matthieu avec elle.

Des graines

Le soleil cuisait déjà tout quand Matthieu et Julien arrivèrent au collège. Neuf heures à peine, mais la chaleur était solidement installée. La semaine avait été annoncée comme particulièrement chaude. Rien n'indiquait que la suite de l'été ne serait pas du même acabit.

« Je crois qu'il va falloir s'y habituer, soupira Julien.

— Oui et c'est pas près de s'améliorer. J'en suis venu à juste espérer qu'on réagira avant de tous crever ; mais ça demanderait du courage politique. Alors bon.

— Oh, je te trouve un peu sévère avec le gouvernement ! OK, ils soutiennent les milliardaires et leurs trajets en jets ; mais, si ça se trouve, ils font pipi sous la douche quand ils sont dans leurs yachts, on sait pas. »

Matthieu éclata de rire en secouant la tête. Trop grave pour être pris au sérieux, de toute façon. Il jeta un coup d'œil à son ami tandis qu'ils descendaient de voiture. Depuis la victoire, Julien avait retrouvé son sourire d'avant et l'infinie capacité d'enthousiasme qui le rendait irrésistible. Matthieu n'avait pas fini de s'en réjouir.

Ils franchirent la grille avant de passer devant les jardins et leur plaque flambant neuve. Julien posa une main sur l'épaule de Matthieu et la pressa doucement. Il ne voyait plus seulement deux pommiers et un pied de rhubarbe quand il venait là désormais. Matthieu y était planté, même s'il continuerait de croître ailleurs.

Ils prirent ensuite connaissance des effectifs en présence pour cette session estivale de l'école ouverte : dix élèves s'étaient déplacés sur la quinzaine d'inscrits prévue. Contrairement aux établissements du centre-ville, Allende bénéficiait du dispositif : puisque la population accueillie dans ses murs avait dans l'ensemble davantage de repères ou d'accompagnement au collège qu'en famille, l'établissement leur restait ouvert pendant une semaine pour leur permettre de participer à des séjours thématiques – révisions pour le brevet en avril, sorties vélo à l'automne ou ateliers cuisine tout au long de l'année. Yann avait expliqué cela à Matthieu lors de sa découverte de la REP. Celui-ci s'était offusqué de la caricature qui lui était offerte quant au manque de prise en charge des enfants par les parents précaires.

« Tu crois vraiment que les pauvres s'occupent moins bien de leurs enfants que les riches ?

— Je pense exactement le contraire. Les riches ne voient pas leurs enfants – en tout cas bien moins que les pauvres. Ils sont au travail, en soirées, en séminaires…

— Tu viens pas de me dire l'inverse ?

— Absolument pas. Simplement, ceux qui ont les moyens, et dont on fait toi et moi déjà un peu partie, hein, eh bah ils peuvent payer une nounou, un stage de sport ou le centre aéré pendant les vacances de leurs enfants quand eux travaillent. Pas les pauvres. La caricature, c'est de croire que les parents de nos élèves ne font rien, alors qu'ils sont majoritairement bien plus courageux que les autres. Ils connaissent les galères des transports en commun pour aller faire des ménages à 5 heures du matin, les journées de chantier sous la pluie ou en pleine canicule, les horaires imposés, interminables et fractionnés. Ajoute à ça la culpabilité de ne pas assez voir leurs bambins, voire de les laisser devant la télé en leur absence parce qu'ils n'ont pas de quoi leur offrir une meilleure nounou, et tu comprendras pourquoi, moi, je trouve que l'école ouverte est essentielle. »

Les propos de Yann n'avaient jamais été démentis. Pourtant, pour les mêmes raisons, les élèves qui s'étaient inscrits de leur plein gré ne venaient pas tous : sans parent pour leur dire d'aller au collège un jour de vacances, difficile pour des enfants de douze ans de se motiver à faire autre chose que dormir ou jouer sur leur tablette.

La plupart des élèves présents en ce lundi 11 juillet étaient des têtes connues pour les deux professeurs : Emma et Nabil avaient fait le déplacement. Bryan et Yacoub également. Le dispositif pouvait accueillir des élèves d'âges très différents, en fonction du programme. Matthieu et Julien avaient prévu trois jours consacrés à la découverte de la nature et à la protection de la biodiversité : aucun problème à ouvrir les inscriptions aux sixièmes comme aux troisièmes.

Tandis que Matthieu consultait la météo pour voir si la chaleur annoncée était toujours au rendez-vous, Julien fit l'appel. Bryan et Yacoub étaient déjà très agités. Il se permit de les recadrer.

« Bon les gars, vous n'allez pas commencer. C'est pas obligatoire, l'école ouverte ; donc si vous n'êtes pas capables de vous calmer, vous pouvez rentrer chez vous, je vous promets. »

Ils acquiescèrent, penauds. Julien et Matthieu annoncèrent ensuite le programme en prenant la direction de la mare : présentation de tous les projets en lien avec l'écologie et la biodiversité menés au collège pour commencer, sortie au jardin des plantes le lendemain, virée en bord de mer pour aller y observer la faune et la flore en guise de conclusion.

Même celles et ceux qui connaissaient déjà l'endroit burent les paroles de Julien. Il leur apprenait des choses qu'ils ignoraient encore : qu'avant l'année de son arrivée à lui, il y avait là une pelouse ; qu'au fond de la mare il y avait des roches volcaniques, idéales pour maintenir l'humidité de l'ensemble.

Julien alla chercher les épuisettes. Matthieu veillait à ce que ni Bryan ni Yacoub ne plongent pour échapper à la chaleur. Les élèves gloussaient de plaisir à l'ombre des arbres plantés autour et trempaient timidement leurs doigts dans l'eau fraîche. Cernés de verdure, isolés par elle de la canicule qui montait tout autour : l'entrée en matière était excellente.

Vint le temps de l'observation avec Julien. Ils attrapèrent précautionneusement tout ce qu'ils purent dans la mare, et se révélèrent même capables d'une extrême méticulosité quand le professeur leur apprit qu'il s'agissait pour certains spécimens de tritons – une espèce protégée, donc rare. L'occasion pour Julien de leur expliquer à quoi on reconnaissait un insecte, d'enchaîner sur la transformation des branchies en poumons chez les amphibiens, de leur faire toucher du doigt des éphémères en devenir. Pour Matthieu, de glisser un mot sur l'origine du mot et son rapport avec le nom de la bête en question, afin de ne pas se sentir tout à fait inutile. Systématiquement, les élèves s'extasiaient, questionnaient, observaient, riaient.

Ils se rendirent ensuite au poulailler, puis s'entassèrent dans l'espace exigu déjà bien chaud pour écouter Julien en expliquer l'historique et le fonctionnement en détail, tout en répondant aux questions qui jaillissaient spontanément. Plusieurs n'étaient jamais venus dans cette partie du collège :

« Comme on fait un gros travail sur la réduction des déchets à la cantine, des élèves ont eu l'idée de mettre des poules au collège pour qu'elles mangent une partie de ce qui est jeté au self. Un enseignant de

Segpa et sa classe ont alors fait les plans et construit le poulailler, et on a acheté des poules.

— Y en a combien, des poules ?

— Quatre : une rousse, une noire, une blanche et une grise.

— Mais on l'a pas vue, la rousse !

— C'est parce qu'elle est un peu plus indépendante que les autres, celle-là…

— Comment ça, « indépendante » ?

— Eh bien une fois, elle est partie du collège sans qu'on sache où ni comment. On a guetté son retour pendant des jours : rien. On avait fini par croire qu'elle était morte. Les troisièmes s'en souviennent sûrement. Nabil ?

— Grave. On la cherchait partout, on était comme des oufs.

— Et alors, elle était où ?

— Aucune idée : elle est revenue deux semaines après comme si de rien n'était, et on n'a jamais su ce qu'elle avait fait pendant tout ce temps. »

L'exclamation des plus jeunes aurait pu être travaillée qu'elle n'en aurait pas été meilleure. Les aventures vécues par la poule rousse pendant ses quinze jours de fugue n'avaient pas fini d'habiter certains imaginaires.

Ensuite, l'excitation grimpa d'un cran : on allait mettre une tenue spéciale pour monter sur le toit du collège avant d'aller y voir les ruches. Trois expériences inédites concentrées en une. Là-haut, tandis que Julien faisait les présentations, Matthieu jeta un œil en contrebas et y détailla un instant les files de voitures clairsemées par les congés s'enchaîner sur le périphérique. Le contraste avec ce qu'étaient en train d'observer les élèves était saisissant. En présence le monde d'avant et celui d'après. Mais impossible de déterminer qui était qui.

Arriva ensuite l'heure du déjeuner. Chacun sortit son sandwich pour aller pique-niquer sur les pelouses du collège. Julien et Matthieu purent faire plus ample connaissance avec les futurs élèves de sixième qui découvraient l'environnement dans lequel ils évolueraient à la rentrée suivante. Pour cette session, ils étaient quatre.

Après le repas, tandis que la chaleur et les pauses rafraîchissement avaient la part belle, Julien lança l'atelier jardin : travail de la terre en vue de la future butte, paillage au pied d'un arbre récemment planté, arrosage des vignes et de l'allée de framboisiers installées quelques mois auparavant. Les participants maniaient en chantonnant les pelles et les pioches, chargeant les brouettes de compost et de paille, se battant pour tenir arrosoirs et tuyau.

Conformément à ce que les élèves leur avaient demandé, ils repassèrent par le poulailler pour « caresser les poules » avant d'en terminer avec la première journée. Christopher prit la direction des opérations. Arrivé à Allende à la rentrée précédente, il venait de passer un an à découvrir le collège et à participer avec assiduité au club nature de Julien. Tout cela entre deux crises d'épilepsie. À cause de cela, ou non, l'élève était plutôt introverti. Ce jour-là, il jouait à domicile, ses crises le laissaient tranquille, et il se livra à un ballet à la chorégraphie parfaite pour approcher de la poule rousse sans qu'elle s'enfuie afin de l'attraper – le tout, sous le regard admiratif de tous les autres. Quand enfin il réussit, il passa au milieu de tout le monde, afin que chacun puisse avec plus ou moins d'assurance toucher les plumes. Christopher rayonnait en brandissant son otage d'un instant.

Matthieu regardait l'assemblée émerveillée – de Nabil à Emma en passant par Yacoub et Bryan. Ses yeux s'arrêtèrent sur les pattes d'oie gorgées de lumière de Julien. Elles étaient à la fois la lutte et ses violences, les espoirs sans fin et les victoires arrachées. De la poésie. De la musique. Des rimes. Des graines.

L'heure de se quitter approcha. Le groupe alla redéposer les gallinacés au poulailler. Sur le chemin se trouvaient les mûriers plantés par Julien et ses élèves quelques années après son arrivée. Christopher demanda l'autorisation d'en cueillir les fruits, en connaisseur désormais assumé et reconnu ; Julien répondit immédiatement par l'affirmative :

« Vous verrez, si vous rejoignez le club nature à la rentrée, ça fait partie des petits avantages… »

Tous les élèves se jetèrent sur les branches. La cueillette ne s'interrompit qu'au moment où les professeurs leur signifièrent qu'il était définitivement temps d'y aller. La plus jeune des participants s'approcha alors de Matthieu, les lèvres constellées de rouges et se mit à l'interroger la bouche pleine :

« Ça s'appelle comment, vous avez dit ?

— Des mûres.

— Ah ouais ? Eh bah je connaissais pas, mais c'est super bon !

— Tu connais le canal, pas loin ?

— Ouais, j'y ai déjà fait du kayak !

— Eh bah au canal, il y en aura bientôt, des mûres, dans les haies. Tu pourrais y aller et montrer ça à tes parents.

— Ah ouais ? Cool ! Mais c'est quand, "bientôt" ?

— Bientôt, c'est septembre, je dirais.

— Eh bah vivement septembre alors !

— Comme tu dis. »

Cet ouvrage a été imprimé en France par
CPI Firmin-Didot
16 rue Firmin Didot
27650 Mesnil-sur-l'Estrée (France)

pour le compte des Éditions Fayard
13 rue du Montparnasse, 75006 Paris
en août 2024

Composition réalisée par Belle Page

PAPIER CERTIFIÉ

fayard s'engage pour l'environnement en réduisant l'empreinte carbone de ses livres. Celle de cet exemplaire est de :
600 g éq. CO_2
Rendez-vous sur www.fayard-durable.fr

N° d'édition : 16-3221-6/1 - N° d'impression : 180235